Michael Overdiek
Meike Susten
Revolution i nystartade företag utan kapital
Volym 1: Att använda artificiell intelligens och innovativa metoder för att utveckla nya affärsidéer

bup

Michael Overdiek
Meike Susten
Revolution i nystartade företag utan kapital
Volym 1: Att använda **artificiell intelligens och innovativa metoder för att utveckla nya affärsidéer**
ISBN: 978-3-68904-160-1 (häftad)
ISBN: 978-3-68904-170-0 (e-bok)

Volym 2: 100 affärsidéer förklarade (ISBN: 978-3-68904-180-9)
Volym 3: Säker implementering (ISBN: 978-3-68904-200-4)

Copyright: Bremen University Press, Bremen
Manuskriptet får inte användas helt eller delvis utan skriftligt medgivande från utgivaren.

Första upplagan
16 februari 2024
Version 1.0
Tryckt i Europeiska unionen
bup@bremenuniversitypress.com
www.bremenuniversitypress.com

Michael Overdiek
Meike Susten
Revolution i nystartade företag utan kapital

Innehåll

INLEDNING	**3**
ETT: GRUNDERNA FÖR ATT STARTA ETT FÖRETAG	**8**
DEFINITION AV START-UP UTAN KAPITAL	8
LEAN STARTUP - VAD ÄR DET?	10
LEAN STARTUP VS. KAPITALFRITT GRUNDANDE	11
MYT VS. VERKLIGHET: KAN MAN STARTA ETT FÖRETAG UTAN PENGAR?	14
FÖRDELAR OCH UTMANINGAR	16
TVÅ: FÖRBEREDELSEFASEN	**19**
UTVECKLA OCH VALIDERA EN AFFÄRSIDÉ	19
DEN VIRTUELLA VERKLIGHETENS ROLL	19
DEN FÖRSTÄRKTA VERKLIGHETENS ROLL	22
UTVECKLA AFFÄRSMODELL OCH AFFÄRSPLAN	24
CROWDSOURCING	25
MARKNADSANALYS OCH KONKURRENSFORSKNING	28
ANALYS AV SOCIALA MEDIER	28
FINANSIELL PLANERING	30
KLARGÖRA RÄTTSLIGA ASPEKTER	31
BYGGA UPP ETT NÄTVERK	31
UTVÄRDERA KOMPETENS OCH RESURSER	31
VAL AV TEKNIK OCH VERKTYG	32
BYGGA UPP ETT VARUMÄRKE OCH EN NÄRVARO PÅ NÄTET	32
FÖRBEREDELSER INFÖR LANSERINGEN	32
TRE: DEN ARTIFICIELLA INTELLIGENSENS SPECIELLA ROLL I NYSTARTADE FÖRETAG	**33**

MARKNADSUNDERSÖKNINGAR OCH ANALYSER	35
PLANERING AV AFFÄRSMODELL	37
SIMULERING AV OLIKA AFFÄRSMODELLER MED HJÄLP AV AI	39
GRUNDLÄGGANDE PRINCIPER FÖR AI-SIMULERING	39
FÖRDELAR MED AI-SIMULERING	41
GENOMFÖRANDE I PRAKTIKEN	43
VILKA LEVERANTÖRER FINNS DET?	43
PLATTFORMAR FÖR MOLNTJÄNSTER	44
SPECIALISERADE AI- OCH ANALYSPLATTFORMAR	53
NYSTARTADE FÖRETAG OCH NISCHAKTÖRER	60
VILKA SÄRSKILDA ANVÄNDNINGSOMRÅDEN FINNS DET FÖR AI?	77
RISKBEDÖMNING	77
PRODUKT- OCH TJÄNSTEINNOVATION	79
AUTOMATISERING OCH ÖKAD EFFEKTIVITET	81
MARKNADSFÖRING OCH KUNDANSKAFFNING	84
BESLUTSFATTANDE	86
OPTIMERING AV KUNDSERVICE	88
FÖRBÄTTRAD MÅLGRUPPSANALYS	91
OPTIMERING AV LEVERANSKEDJOR OCH LOGISTIK	93
EKONOMISK FÖRVALTNING OCH BUDGETERING	95
STÖD INOM JURIDIK OCH EFTERLEVNAD	98
REKRYTERING OCH PERSONALFÖRVALTNING	100
SKYDD AV IMMATERIELLA RÄTTIGHETER	102
INITIATIV FÖR HÅLLBAR UTVECKLING	105
AVSLUTNING AV DEN FÖRSTA VOLYMEN	**108**

Inledning

I den dynamiska värld där företag skapas har det på senare år vuxit fram innovativa metoder för att hitta affärsidéer som går längre än traditionell brainstorming och marknadsundersökningar. Dessa nya tillvägagångssätt utnyttjar tekniska framsteg och den ökande tillgången på data för att få djupare insikter om marknadsluckor och kundbehov, samtidigt som kreativa tankeprocesser uppmuntras.

Ett sådant tillvägagångssätt är användningen av big data och AI-stödda analysverktyg. Dessa tekniker gör det möjligt att samla in och analysera stora mängder data från olika källor för att identifiera konsumenttrender, ouppfyllda behov och framväxande marknadsnischer. AI-algoritmer kan känna igen mönster och korrelationer som inte är uppenbara för det mänskliga ögat, vilket avslöjar helt nya affärsidéer eller möjligheter att förbättra befintliga produkter och tjänster. De flesta av dessa verktyg har öppen källkod och är därför tillgängliga utan större kapitalinvesteringar.

Dessutom har Lean Startup-metoden, som har blivit populär på senare år, revolutionerat hur affärsidéer utvecklas och testas. Istället för att utveckla en helt färdig affärsidé innan den lanseras på marknaden, uppmuntrar denna metod till att börja med en minsta möjliga produkt (MVP) och kontinuerligt förbättra den baserat på feedback från användarna. Dessa iterationsprocesser påskyndas avsevärt av digital teknik och är ett effektivt sätt att validera och anpassa affärsidéer i den verkliga världen.

Ett annat progressivt tillvägagångssätt är användningen av crowdsourcing-plattformar och analyser av sociala medier. Dessa gör det möjligt att presentera idéer och koncept för en bred allmänhet och få direkt feedback, förslag och till och med stöd från potentiella kunder eller användare. Genom att analysera data från sociala medier kan man få insikt i konsumenternas åsikter, önskemål och problem, vilket i sin tur leder till utveckling av affärsidéer som är nära kopplade till målgruppens behov och önskemål.

Att inkludera virtuell verklighet (VR) och förstärkt verklighet (AR) i idéskapandeprocessen är en annan banbrytande innovation som fortfarande är underutnyttjad. Dessa tekniker kan användas för prototyper och simuleringar för att ge en realistisk bild av hur en produkt eller tjänst skulle fungera i den verkliga världen. Detta bidrar inte bara till att förfina affärsidén, utan också till att presentera idén för investerare och potentiella kunder på ett sätt som inte var möjligt tidigare.

Sammanfattningsvis är moderna metoder för att hitta affärsidéer starkt drivna av teknik och data och är därför tillgängliga snabbt och till låg kostnad. De erbjuder dynamiska, interaktiva och kundcentrerade tillvägagångssätt som gör det möjligt för nystartade företag att utveckla innovativa lösningar som är nära anpassade till nuvarande och framtida marknadsbehov. Dessa metoder gör det möjligt för entreprenörer att lära sig snabbt, anpassa och testa idéer effektivt i ett tidigt skede, vilket avsevärt ökar chanserna att lyckas med sina satsningar.

I synnerhet artificiell intelligens (AI) kan nu erbjuda nystartade företag värdefullt stöd när det gäller att välja och validera rätt affärsmodell. Genom att analysera stora mängder data från marknadsundersökningar, konkurrentanalyser och kundfeedback kan AI ge djupa insikter om aktuella trender, konsumentpreferenser och luckor på marknaden. Denna information kan vara avgörande för att förstå vilka affärsmodeller som har störst potential i det aktuella marknadsläget. Idag kan AI göra skillnaden mellan framgång och misslyckande. Detta var otänkbart tills nyligen.

AI kan hantera komplexiteten och volymen av tillgängliga data för att känna igen mönster som mänskliga analytiker kan missa. Genom att analysera sociala medier och kundrecensioner kan AI till exempel identifiera ouppfyllda behov som en ny affärsmodell skulle kunna tillgodose. Samtidigt gör AI det möjligt att analysera konkurrenternas strategier och framgångar i detalj för att avgöra vilka tillvägagångssätt som fungerar och var det finns utrymme för förbättringar.

Dessutom kan AI simulera lönsamheten för olika affärsmodeller genom finansiell modellering och prognoser. Den tar hänsyn till en mängd olika faktorer, inklusive kostnadsstrukturer, potentiella intäktsströmmar och marknadsvillkor, för att ge en välgrundad uppskattning av den ekonomiska bärkraften. Detta hjälper nystartade företag att fatta välgrundade beslut som inte bara bygger på intuition, utan även på gedigna dataanalyser.

AI kan också bedöma risker förknippade med olika affärsmodeller genom att analysera historiska data och simulera framtida marknadsscenarier. Denna typ av analys är avgörande för att tidigt upptäcka potentiella utmaningar och utveckla strategier för att hantera dem på ett effektivt sätt.

Slutligen är AI:s förmåga att kontinuerligt anpassa sig och lära sig särskilt värdefull. Det gör det möjligt för nystartade företag att förfina sina affärsmodeller över tid och anpassa sig till förändrade marknadsvillkor. Detta säkerställer inte bara kortsiktig marknadsintroduktion, utan stöder också företagets långsiktiga hållbarhet och tillväxt.

Sammantaget erbjuder AI omfattande stöd för nystartade företag när det gäller att välja rätt affärsmodell. Genom att tillhandahålla datadrivna insikter och analyser möjliggör AI välgrundat beslutsfattande, vilket är avgörande för framgång i dagens snabba och konkurrensutsatta affärsvärld. Det är dock viktigt att dessa tekniska verktyg ses som ett komplement till mänsklig expertis för att uppnå bästa resultat.

Artificiell intelligens, å andra sidan, avser simulering av mänsklig intelligens i maskiner som är programmerade att tänka, lära sig och lösa problem på ett sätt som liknar mänsklig förmåga. Kärnan i AI ligger i algoritmer som kan bearbeta data, känna igen mönster och fatta beslut med minimal mänsklig inblandning. Dessa algoritmer gör det möjligt för AI-system att lära sig av erfarenheter, anpassa sig till ny input och utföra uppgifter självständigt. Tillämpningsområdena för AI är många och sträcker sig från enkla uppgifter som taligenkänning till komplexa beslutsprocesser som används inom områden som medicin, finans och autonom fordonsnavigering. Maskininlärning, ett delområde inom AI, spelar en central roll genom att ge datorer förmågan att lära sig och förbättra sig utan att uttryckligen programmeras. Utvecklingen av AI har potential att förändra många aspekter av det dagliga livet genom att skapa effektivitet och noggrannhet i processer som tidigare var helt beroende av mänskliga färdigheter.

Ett: Grunderna för att starta ett företag

Definition av start utan kapital

Att starta ett företag utan kapital innebär att grunda och bygga upp ett eget företag utan betydande ekonomiska resurser eller startkapital utifrån. Denna typ av företagsstart kräver ett annat tillvägagångssätt än den traditionella företagsstarten, som ofta kräver betydande summor pengar för den initiala investeringen. Istället använder grundarna sin kreativitet, kompetens, sina nätverk och befintliga resurser för att starta och utveckla sitt företag.

En viktig aspekt av att starta ett företag utan kapital är att maximera nyttan av de resurser som finns tillgängliga. Det kan innebära att man väljer affärsmodeller som kan förverkligas med en minimal initial investering, t.ex. tjänster eller digitala produkter som kräver färre fysiska resurser. Tonvikten ligger på förmågan att arbeta med det som redan finns tillgängligt, vare sig det gäller kunskap, färdigheter eller användning av onlineplattformar för att marknadsföra produkter eller tjänster.

Nätverk spelar också en viktig roll. Relationer med potentiella kunder, leverantörer och mentorer kan öppna dörrar och ge möjligheter som annars skulle vara utom räckhåll. Att bygga på ett starkt nätverk kan avsevärt minska behovet av startkapital genom att ge tillgång till marknader, resurser och rådgivning utan höga kostnader. En annan viktig faktor är grundarens smidighet och flexibilitet. Att starta utan kapital innebär ofta att man börjar i liten skala och växer successivt. Det kräver ett flexibelt arbetssätt där affärsmodellen kan anpassas och förändras för att svara mot marknadens krav utan att riskera stora ekonomiska förluster.

Dessutom använder entreprenörer utan såddkapital ofta Lean Startup-metoder för att validera sina affärsidéer innan de investerar betydande tid och resurser. Detta inkluderar att testa idéer genom minimala men funktionella prototyper eller erbjudanden för att få feedback från tidiga användare och justera produkten eller tjänsten i enlighet med detta.

När allt kommer omkring är användningen av digital teknik och plattformar en avgörande faktor för att starta ett företag utan kapital. Internet erbjuder otaliga möjligheter att marknadsföra, sälja och distribuera produkter eller tjänster till liten eller ingen kostnad. Sociala medier, e-handelsplattformar och andra onlineverktyg gör det möjligt för företagare att nå en bred målgrupp utan att behöva investera i fysiska platser eller stora marknadsföringsbudgetar.

Lean Startup - vad är det?

Det närliggande begreppet "lean startup", som skall särskiljas från detta, beskriver en metod för utveckling av företag och produkter som syftar till att effektivisera processen att grunda ett företag och minimera risken för misslyckande.

Metoden myntades av Eric Ries och beskrivs utförligt i hans bok med samma namn, "The Lean Startup". Kärnan i Lean Startup-metoden är att snabbt och till lägsta möjliga kostnad lansera en basprodukt, en så kallad Minimum Viable Product (MVP), på marknaden för att så tidigt som möjligt starta en lärandeprocess om kundbehov och marknadspotential.

I centrum för Lean Startup står antagandet att ett nystartat företags framgång inte beror så mycket på detaljerade inledande planer och omfattande marknadsundersökningar som på förmågan att reagera flexibelt på feedback från kunderna och anpassa produkten eller affärsmodellen därefter. Det handlar om att följa en iterativ process där produkter snabbt utvecklas, testas och förbättras baserat på verklig användarfeedback. Denna process hjälper företag att spara tid och resurser genom att undvika onödig utveckling och funktioner som kunderna inte vill ha eller behöver.

En annan viktig del av lean startup-metoden är begreppet validerat lärande. Det innebär att man systematiskt testar och anpassar affärsidén genom experiment och kundfeedback. Genom att bygga MVP:er och testa hypoteser i verkligheten får grundarna viktiga insikter om sina målmarknader och kundpreferenser. Målet är att använda denna process av lärande och anpassning för att skapa en produkt eller tjänst som är exakt skräddarsydd för marknadens behov.

Lean startup-metoden främjar också en kultur av smidighet och flexibilitet inom företaget. Startups uppmuntras att ha platta hierarkier och öppna kommunikationsvägar för att möjliggöra snabbt beslutsfattande och anpassning till förändringar. Denna filosofi står i kontrast till traditionella affärsmodeller, som ofta kännetecknas av rigida planer och långa utvecklingscykler.

Sammanfattningsvis är Lean Startup en metod som bygger på snabb inlärning, anpassningsförmåga och kundfokus. Den syftar till att påskynda produktutvecklingsprocessen och minska risken för misslyckanden genom att fokusera på kontinuerlig validerad inlärning om kundernas behov och önskemål. Genom att använda MVP:er, iterativa cykler och direkt kundfeedback gör Lean Startup det möjligt för entreprenörer att bygga mer effektiva och framgångsorienterade företag.

Lean startup vs. kapitalfritt grundande

Lean startup är nära besläktat med idén att starta ett företag med inget eller mycket litet kapital. Denna koppling härrör från den grundläggande filosofin bakom lean startup, som syftar till att bygga företag med minimal ansträngning och låg initial investering för att minimera risken och maximera flexibiliteten. För nystartade företag utan betydande startkapital erbjuder Lean Startup värdefulla strategier och metoder för att förverkliga sina affärsidéer.

Lean startup-metoden betonar utvecklingen av en minsta livskraftig produkt (MVP), en produkt med det minsta antal funktioner som krävs för att få ut den på marknaden och lära sig av de första kunderna. Denna strategi gör det möjligt för grundarna att testa och vidareutveckla sina idéer med en liten initial investering. Istället för att investera stora summor i utvecklingen av en omfattande produkt som kanske inte uppfyller marknadens behov, möjliggör MVP-metoden ett kostnadseffektivt test av affärshypotesen. Detta är särskilt relevant för nystartade företag utan kapital, eftersom det gör att de kan starta med begränsade resurser och ändå få värdefull feedback från marknaden.

Dessutom främjar lean startup-metoden en iterativ utvecklingsprocess där produkten eller tjänsten kontinuerligt anpassas och förbättras baserat på feedback från användarna. Denna metod bidrar till att optimera resursanvändningen och säkerställa att investeringar endast görs i funktioner som kunderna faktiskt vill ha. För nystartade företag utan kapital är detta avgörande eftersom det maximerar effektiviteten och minimerar sannolikheten för misslyckande.

Lean startup-metoden uppmuntrar också till användning av bootstrapping-teknik, där företaget finansieras av sina egna intäkter utan att söka externa investerare. Detta passar grundare som startar med lite eller inget kapital eftersom det betonar självfinansiering och organisk tillväxt. Genom att fokusera på intäktsgenerering från början utvecklar grundarna en hållbar affärspraxis som inte är beroende av externt kapital.

Slutligen främjar lean-metoden en kultur av flexibilitet och smidighet som gör det möjligt för nystartade företag att reagera snabbt på förändringar på marknaden eller i kundbeteendet. Denna anpassningsförmåga är särskilt viktig för grundare utan kapital, eftersom de ofta inte har de resurser som krävs för att hantera stora utmaningar eller misslyckanden. Genom att anta en lean startup-strategi kan de minimera riskerna och säkerställa att deras verksamhet är livskraftig, även om de startar med begränsade resurser.

Sammanfattningsvis ger Lean Startup-metoden ett praktiskt ramverk för nystartade företag utan kapital att testa, utveckla och skala upp sina affärsidéer med minimala finansiella utlägg. Genom att fokusera på utvecklingen av en MVP, iterativt lärande baserat på kundfeedback, bootstrapping och smidighet, möjliggör detta tillvägagångssätt skapande och utveckling av företag med låg risk och kostnadseffektivitet.

Myt vs. verklighet: Kan man starta ett företag utan pengar?

Idén att starta ett företag utan pengar balanserar ofta mellan myt och verklighet. För att förstå denna dikotomi är det viktigt att känna till nyanserna och utmaningarna i denna strävan samt de möjligheter som den erbjuder trots ekonomiska begränsningar.

Myt: Du behöver inte pengar för att starta ett företag. Den utbredda uppfattningen att du kan starta ett framgångsrikt företag utan några pengar alls är mer av en myt. Även de mest grundläggande affärsmodellerna kräver vanligtvis någon form av initial investering, oavsett om det är för att skapa en webbplats, köpa råvaror, skaffa nödvändiga licenser eller helt enkelt täcka levnadsomkostnader medan verksamheten ännu inte går med vinst. Idén att man kan bli framgångsrik utan några investeringar innebär ofta att man förbiser de dolda kostnaderna för att starta och driva ett företag.

Verklighet: Företag kan startas med minimala finansiella resurser. Å andra sidan är verkligheten den att många företag har startats framgångsrikt med mycket små initiala investeringar. Affärsmodeller som bygger på tjänster eller digitala produkter kan ofta förverkligas med minimala kostnader, särskilt om grundaren redan har de färdigheter och resurser som krävs. Att använda onlineplattformar, sociala medier och befintliga nätverk för marknadsföring kan också minska behovet av stora marknadsföringsbudgetar.

Myt: Du behöver inte ekonomiskt stöd eller resurser. En annan myt är att entreprenörer kan klara sig utan externt stöd eller resurser. I själva verket spelar tillgång till nätverk, mentorer och eventuellt mikrolån eller crowdfunding en viktig roll för att bygga upp ett företag utan betydande startkapital. Dessa resurser kan vara avgörande för att ta sig igenom de första svåra månaderna och få verksamheten på en stabil grund.

Verklighet: Kreativitet och flexibilitet är avgörande. Verkligheten är att förmågan att vara kreativ och flexibel ofta är viktigare än startkapital. Entreprenörer som startar med mycket lite eller inga pengar alls hittar innovativa sätt att utveckla, marknadsföra och sälja sina produkter eller tjänster. De använder lean startup-principer för att experimentera med minimala resurser och snabbt lära sig vad som fungerar och vad som inte gör det.

Myt: Alla affärsmodeller kan startas utan pengar. Det är inte alla affärsmodeller som lämpar sig för att lanseras utan finansiella resurser. Företag som kräver betydande investeringar i produktion, lagerhållning eller teknik kan vara svåra att förverkliga utan lämpligt kapital. Antagandet att alla affärsprojekt kan genomföras utan startkapital bortser från de specifika krav och risker som finns i vissa branscher eller på vissa marknader.

Sammanfattningsvis är att starta ett företag utan pengar någonstans mellan myt och verklighet, beroende på hur du tolkar "utan pengar". Även om det är osannolikt att man blir framgångsrik utan några som helst resurser, har många entreprenörer visat att det är möjligt att bygga upp framgångsrika företag med mycket små initiala investeringar och en stor dos kreativitet, flexibilitet och hårt arbete. Nyckeln till framgång ligger i ett intelligent utnyttjande av befintliga resurser, förmågan att anpassa sig till marknaden och viljan att lära sig av sina misstag och anpassa strategierna därefter.

Fördelar och utmaningar

Att starta ett företag utan pengar har både fördelar och utmaningar som potentiella grundare noga bör överväga. Dessa aspekter belyser både möjligheterna och begränsningarna med en sådan strävan.

Fördelar:

- Kreativitet **och innovation:** Behovet av att arbeta med begränsade resurser kan stimulera kreativiteten. Entreprenörer hittar ofta innovativa lösningar och affärsmodeller som inte passar in i det traditionella ramverket, vilket kan leda till unika konkurrensfördelar.

- **Lean startup-metoden: Att** grunda utan pengar tvingar fram tillämpningen av lean startup-principen, där produkter eller tjänster lanseras snabbt och till minimal kostnad för att samla in feedback och förbättra iterativt. Detta minskar risken för att förlora tid och pengar på grund av långa utvecklingscykler.

- **Flexibilitet och anpassningsförmåga:** Utan tunga initiala investeringar kan entreprenörer reagera mer flexibelt på marknadsförändringar och anpassa sina affärsmodeller snabbare, vilket kan vara en fördel, särskilt i snabbt föränderliga branscher.
- **Undvika skuldsättning:** Att starta ett företag utan betydande startkapital kan bidra till att undvika skuldsättning, vilket minimerar den finansiella risken för entreprenören. Detta kan skapa en sundare ekonomisk bas för företaget.

Utmaningar:

- **Begränsade resurser:** Den mest uppenbara utmaningen är bristen på finansiella resurser, vilket kan begränsa möjligheterna till produktutveckling, marknadsföring och expansion. Utan en budget kan det vara svårt att anskaffa vissa nödvändiga resurser eller utrustning.
- **Tidsåtgång:** Eftersom finansiella resurser måste ersättas med personligt arbete och mobilisering av nätverk kan det vara mer tidskrävande att grunda och skala upp företaget utan pengar. Detta kan leda till långsammare tillväxt och förseningar i förverkligandet.
- **Svårigheter att skala upp:** Även om det är möjligt att starta ett företag med minimala resurser kan det vara ett stort hinder att skala upp utan tillgång till kapital. Tillväxt kräver ofta

investeringar i marknadsföring, personal och produktionskapacitet.
- **Nätverksberoende: Att** förlita sig på personliga nätverk och välvilja från vänner, familj eller mentorer kan vara en utmaning. Alla har inte tillgång till ett stödjande nätverk eller resurser som lätt kan mobiliseras.
- **Marknadsuppfattning:** Företag som startas med mycket lite finansiering kämpar ibland med utmaningen att bli tagna på allvar av kunder, partners och investerare. Uppfattningen om professionalism och förmågan att överleva på lång sikt kan försämras.

Att starta ett företag utan pengar kräver noggrann planering, en tydlig strategi och en vilja att arbeta hårt och vara kreativ. Även om utmaningarna är stora erbjuder fördelarna en unik möjlighet för entreprenörer att förverkliga sina visioner utan att vara beroende av traditionella finansieringskällor. Framgång inom detta område kräver ofta en kombination av passion, uthållighet och förmågan att känna igen och ta vara på möjligheter.

Två: Förberedelsefasen

Den förberedande fasen av att starta ett företag, särskilt utan kapital, är av central betydelse för företagets framtida framgång. Denna fas omfattar en rad steg som måste planeras och genomföras noggrant för att lägga grunden för ett framgångsrikt företag. Här är de viktigaste delarna i förberedelsefasen.

Utveckla och validera affärsidén

Det första steget är att utveckla en tydlig och genomförbar affärsidé. Det är viktigt att validera denna idé genom att genomföra marknadsundersökningar för att förstå om det finns en efterfrågan på produkten eller tjänsten. Detta kan göras genom att analysera marknadsrapporter, enkäter, intervjuer med potentiella kunder eller till och med enkla prototyptester. Detta är ett område som för närvarande revolutioneras av användningen av artificiell intelligens. Mer om detta senare i avsnitt tre nedan.

Den virtuella verklighetens roll

Virtual reality (VR) revolutionerar hur nystartade företag utvecklar, testar och presenterar sina affärsidéer och erbjuder en innovativ plattform för skapandet av nya produkter och tjänster.

Den uppslukande karaktären hos VR gör det möjligt för entreprenörer att skapa prototyper och koncept i en helt kontrollerad miljö som kan simulera realistiska användarupplevelser utan de fysiska begränsningarna i den verkliga världen. Tekniken öppnar upp nya perspektiv för produktutveckling, marknadsföring och kundengagemang, särskilt för nystartade företag inom utbildning, hälso- och sjukvård, fastigheter, detaljhandel och underhållning.

I produktutvecklingsfasen gör VR det möjligt för nystartade företag att snabbt och kostnadseffektivt förverkliga sina idéer i virtuella prototyper. Denna process minimerar riskerna och kostnaderna som är förknippade med att producera fysiska prototyper och påskyndar iterationsprocessen. Genom att simulera verkliga tillämpningar och scenarier kan entreprenörer och utvecklare testa och förfina funktionaliteten och användarupplevelsen hos sina produkter i olika utvecklingsstadier. Detta bidrar till att identifiera designbrister tidigt och förbättra användbarheten innan betydande investeringar görs.

VR erbjuder också en unik plattform för marknadsföring och produktpresentation. Nystartade företag kan erbjuda potentiella investerare, partners och kunder uppslukande upplevelser som visar fördelarna och användningsområdena för deras produkter på ett sätt som inte är möjligt med traditionella presentationsmetoder. Genom att använda VR kan nystartade företag skapa minnesvärda och övertygande produktdemonstrationer som skapar en djupare känslomässig koppling till produkten och förbättrar förståelsen för komplexa funktioner och fördelar.

Kundengagemang är ett annat område där VR erbjuder startups betydande fördelar. Genom att skapa interaktiva och uppslukande upplevelser kan nystartade företag bygga ett starkt band till sina kunder och erbjuda unika upplevelser som går utöver vad traditionella medier kan erbjuda. Detta är särskilt värdefullt i branscher där kundupplevelsen är avgörande för framgång, t.ex. underhållningsindustrin, turism eller detaljhandel. Med VR kan företag låta kunderna leva sig in i virtuella världar där de kan uppleva, prova och till och med anpassa produkter i olika sammanhang innan de fattar ett köpbeslut.

Att integrera VR i nystartade företags affärsstrategier kräver en initial investering i teknik och utveckling, men erbjuder potential för betydande konkurrensfördelar. Genom att förbättra produktutvecklingen, öka marknadsföringseffektiviteten och fördjupa kundrelationerna kan nystartade företag som använder VR differentiera sina erbjudanden och sticka ut på en alltmer mättad marknad.

Sammanfattningsvis erbjuder virtuell verklighet nystartade företag en kraftfull plattform för att utveckla, testa och marknadsföra innovativa produkter och tjänster. Möjligheten att skapa realistiska och uppslukande upplevelser öppnar upp för nya möjligheter att interagera med kunder och presentera affärsidéer. Även om införandet av VR medför vissa utmaningar, inklusive behovet av teknisk expertis och initiala investeringar, är de potentiella fördelarna för nystartade företag som är villiga att anamma denna teknik betydande.

Den förstärkta verklighetens roll

Augmented reality (AR) spelar en allt viktigare roll i nystartade företag genom att förstärka den fysiska världen med digital information, vilket öppnar upp för nya sätt att interagera, presentera och skapa kundupplevelser. Till skillnad från virtual reality, som placerar användaren i en helt virtuell miljö, lägger AR över digitalt innehåll på den verkliga världen, vilket gör det möjligt att sömlöst integrera virtuella element i användarens fysiska miljö. Denna teknik erbjuder nystartade företag ett brett spektrum av möjligheter att skapa innovativa lösningar som ökar användarnas engagemang och omdefinierar hur varumärken kommunicerar med sin publik.

Ett av de viktigaste områdena där AR har en betydande inverkan är produktvisualisering. Med AR kan kunderna se produkter i sin verkliga miljö innan de gör ett köp. Detta är särskilt värdefullt inom branscher som detaljhandel, fastigheter och inredning, där möjligheten att visualisera produkter eller förändringar i den verkliga miljön ökar kundernas förtroende och underlättar köpbeslutet. Genom AR-applikationer kan nystartade företag ge sina kunder möjlighet att placera möbler i sitt eget vardagsrum, virtuellt prova kläder eller ändra färgen på väggarna i sitt hem, vilket skapar en uppslukande och personlig shoppingupplevelse.

AR erbjuder också kraftfulla verktyg för utbildning och fortbildning. Nystartade företag inom utbildningssektorn använder AR för att skapa interaktiva inlärningsupplevelser som gör komplexa koncept begripliga och ökar elevernas engagemang. I branscher som kräver specialiserad utbildning, t.ex. medicin, tillverkning och reparation, ger AR användarna möjlighet att få praktisk erfarenhet genom överlagrade instruktioner och information utan de risker eller kostnader som är förknippade med verkliga utbildningsscenarier.

AR öppnar upp nya dimensioner av kreativitet och interaktion för marknadsföring och reklam. Företag kan skapa unika och minnesvärda varumärkesupplevelser genom AR-kampanjer som bjuder in kunderna att interagera med varumärken på ett personligt och uppslukande sätt. Med allt från interaktiva affischer till AR-spel som integreras i fysiska produkter kan nystartade företag fånga konsumenternas uppmärksamhet och skapa en djupare känslomässig koppling till varumärket.

Implementering av AR kan också förbättra den operativa effektiviteten. Inom områden som logistik, tillverkning och underhåll kan AR-applikationer visa medarbetarna realtidsinformation och instruktioner direkt i deras synfält, vilket ökar noggrannheten i arbetet och minskar den tid det tar att slutföra uppgifterna. För nystartade företag innebär detta en möjlighet att optimera processer, minska fel och öka produktiviteten.

Slutligen spelar AR en avgörande roll för att skapa tillgänglighet och inkludering genom att hjälpa människor med olika förmågor att bättre förstå och navigera i sin omgivning. Med allt från realtidsöversättning till visuella hjälpmedel för personer med synnedsättning erbjuder AR lösningar som förbättrar livskvaliteten och tilltalar bredare målgrupper.

Sammanfattningsvis erbjuder förstärkt verklighet en enorm potential för nystartade företag att utveckla innovativa lösningar inom alla sektorer. Genom att komplettera den verkliga världen med digital information kan nystartade företag omdefiniera kundupplevelsen, öka produktiviteten och skapa nya former av interaktion och lärande. Även om införandet av AR medför utmaningar som teknisk komplexitet och behovet av användaracceptans, är möjligheterna till kreativa och värdeskapande tillämpningar praktiskt taget obegränsade.

Utveckla affärsmodell och plan

En detaljerad affärsmodell bör utvecklas baserat på den validerade affärsidén. Detta inkluderar att definiera värdeerbjudandet, målkunder, försäljnings- och marknadsföringsstrategier samt intäktsströmmar. En omfattande affärsplan hjälper till att konkretisera visionen, sätta upp mål och fungerar som en färdplan för affärsutvecklingen. Mer om detta senare.

Crowdsourcing

Crowdsourcing är en metod där företag, organisationer eller individer lägger ut en uppgift, ett problem eller ett projekt på en bred, ofta odefinierad massa av människor, vanligtvis via internet, istället för att förlita sig på traditionella anställda eller leverantörer. Denna strategi utnyttjar den kollektiva intelligensen, kreativiteten och expertisen hos en stor grupp frivilliga eller deltagare för att utveckla lösningar, generera idéer, tillhandahålla tjänster eller skapa innehåll. Crowdsourcing gör det möjligt att mobilisera en mängd olika perspektiv och färdigheter på ett kostnadseffektivt sätt och används inom olika områden som produktutveckling, problemlösning, forskning och finansiering.

Crowdsourcing spelar en allt viktigare roll för företagsetableringar genom att entreprenörer kan göra resurser, kunskap, färdigheter och finansiering tillgängliga för den stora massan. Denna metod utnyttjar den kollektiva intelligensen och potentialen hos en global gemenskap för att stödja olika aspekter av att starta ett företag, från idégenerering och produktutveckling till finansiering och marknadsundersökningar.

Crowdsourcing ger nystartade företag möjlighet att utnyttja en mängd olika perspektiv och expertis som de kanske inte har på egen hand. Detta tillvägagångssätt gör det möjligt att få feedback och förslag från en mångsidig grupp av människor, vilket kan leda till mer innovativa och kundcentrerade produkter eller tjänster. Att potentiella användare direkt involveras i utvecklingsprocessen bidrar inte bara till att förbättra produkternas säljbarhet, utan bygger också upp en gemenskap av supportrar och framtida kunder.

En annan viktig aspekt av crowdsourcing är förmågan att mobilisera resurser för finansiering. Crowdfundingplattformar gör det möjligt för nystartade företag att skaffa kapital från en mängd olika investerare som bidrar med små belopp. Denna metod erbjuder ett alternativ till traditionella finansieringskällor som banklån eller riskkapital och gör det möjligt för grundare att finansiera sina idéer utan behov av stora säkerheter eller omfattande affärsplaner. Dessutom har crowdfunding fördelen att också fungera som ett marknadsföringsverktyg genom att öka medvetenheten om produkten eller tjänsten och bygga en gemenskap av supportrar som har ett egenintresse i företagets framgång.

Crowdsourcing kan också användas för marknadsundersökningar och kundfeedback. Genom onlineundersökningar, sociala medier och specialiserade plattformar för crowdsourcing kan nystartade företag få värdefulla insikter om kundbehov, marknadstrender och hur effektiva marknadsföringsstrategierna är. Detta möjliggör datadrivet beslutsfattande och bidrar till att minimera riskerna genom att anpassa produkter eller tjänster innan de lanseras på marknaden.

Förutom finansiering och marknadsundersökningar ger crowdsourcing tillgång till ett brett spektrum av talanger och färdigheter. Nystartade företag kan lägga ut specifika uppgifter eller projekt, som webbdesign, skapande av innehåll eller programutveckling, till en global grupp av frilansare. Detta ger en flexibel och kostnadseffektiv lösning på nystartade företags resursbehov och gör att de kan fokusera på sina kärnkompetenser.

Crowdsourcing främjar en kultur av öppenhet och samarbete, vilket är avgörande för startup-ekosystemet. Genom att involvera ett samhälle i de olika stadierna av affärsutveckling kan nystartade företag bygga ett starkt nätverk av supportrar som inte bara ger ekonomiskt, utan också känslomässigt och socialt stöd.

Crowdsourcing är en kraftfull strategi för nystartade företag som ger tillgång till en mängd olika resurser, från finansiering och feedback till talang och marknadsinsikter. Genom att utnyttja den kollektiva intelligensen och resurserna i en global gemenskap kan nystartade företag öka sina chanser att lyckas, utveckla innovativa lösningar och bygga en stark koppling till sin målgrupp.

Marknadsanalys och konkurrensforskning

En grundlig marknadsanalys och konkurrensundersökning är avgörande för att förstå positioneringen av ditt eget erbjudande. I detta ingår att identifiera marknadstrender, kundbehov och den befintliga konkurrensen. En SWOT-analys (styrkor, svagheter, möjligheter, hot) kan ge värdefulla insikter. Även här kan användningen av AI vara till stor hjälp. Vi kommer att gå in på detta i detalj senare.

Analys av sociala medier

Analys av sociala medier är processen att samla in, utvärdera och tolka data från sociala nätverk för att få insikter om användarbeteenden, åsikter och trender. Denna analys hjälper företag och organisationer att förstå hur effektiva deras strategier för sociala medier är, mäta räckvidden och engagemanget för deras innehåll och få djupare insikter om deras målgrupp. Genom att analysera dessa data kan beslutsfattare fatta välgrundade beslut för att optimera sina strategier för marknadsföring, produktutveckling och kundvård.

Analys av sociala medier spelar en avgörande roll när man startar ett företag eftersom det ger djupa insikter om marknadsbehov, kundpreferenser och branschtrender. Analysen gör det möjligt för grundare att förstå målgruppens beteende och intressen genom att samla in och utvärdera data från sociala nätverk. Genom att observera hur användarna pratar om varumärken, produkter och tjänster kan entreprenörer känna igen vad potentiella kunder vill ha, hur de tänker om vissa ämnen och hur de reagerar på olika marknadsföringsstrategier. Genom att använda analyser av sociala medier kan nystartade företag förfina och anpassa sina affärsstrategier för att bättre tillgodose kundernas behov. Insikter från analyser kan till exempel hjälpa till att styra produktutvecklingen genom att klargöra vilka funktioner eller tjänster som är särskilt efterfrågade. Dessutom kan en grundlig analys av sociala medier ge värdefull information om vilka marknadsföringsbudskap och kanaler som är mest effektiva för att nå och engagera målgruppen.

Det är också viktigt för nystartade företag att övervaka konkurrensen. Analys av sociala medier kan hjälpa till att förstå konkurrenternas strategier och tjänster. Detta gör det möjligt för grundarna att differentiera sina egna erbjudanden och identifiera potentiella luckor på marknaden. Genom att förstå hur konkurrenterna presenterar sig på sociala medier och interagerar med sin community kan de utveckla egna strategier som ger dem en konkurrensfördel.

De insikter man får genom att analysera sociala medier är också avgörande för att utforma kommunikations- och innehållsstrategier. Genom att förstå vilka typer av innehåll som når fram till målgruppen kan nystartade företag skapa innehåll som skapar engagemang, ökar varumärkeskännedomen och i slutändan försäljningen.

Förmågan att spåra trender i realtid gör det också möjligt för nystartade företag att reagera snabbt på förändringar i konsumentbeteende eller nya marknadsmöjligheter.

Slutligen ger analys av sociala medier en grund för att mäta hur framgångsrika marknadsföringskampanjer och affärsstrategier är. Genom att övervaka mått som engagemang, räckvidd och konverteringar kan grundare bedöma hur effektiva deras insatser är och identifiera områden som kräver förbättringar. Detta datadrivna tillvägagångssätt hjälper till att fördela resurser effektivt och maximera lönsamheten.

Sammantaget är analys av sociala medier avgörande för nystartade företag för att utveckla en djup förståelse för sin målgrupp, stärka sin konkurrensposition, utforma effektiva marknadsföringsstrategier samt mäta och öka framgången för sin verksamhet. Genom att använda den stora mängd data som finns tillgänglig i sociala nätverk kan grundare fatta välgrundade beslut och förbättra sina chanser till långsiktig framgång.

Finansiell planering

Även om målet är att starta utan betydande kapital är noggrann finansiell planering avgörande. Detta inkluderar uppskattning av startkostnader, planering av löpande driftskostnader och prognostisering av potentiella intäkter. Det är viktigt att vara realistisk och planera en buffert för oförutsedda utgifter.

Klargöra rättsliga aspekter

Att starta ett företag kräver också att du hanterar juridiska aspekter. Det handlar om att välja juridisk form, registrera verksamheten, klargöra skattefrågor och kontrollera om det krävs särskilda tillstånd eller licenser. Del 3 i denna serie tar upp dessa frågor.

Bygg upp ett nätverk

Ett starkt nätverk av rådgivare, mentorer, branschexperter och potentiella kunder kan vara ovärderligt under förberedelsefasen. Nätverksträffar, branschforum och sociala medier är bra ställen att knyta kontakter och hitta stöd.

Utvärdera färdigheter och resurser

En ärlig bedömning av dina egna färdigheter, kunskaper och tillgängliga resurser hjälper dig att identifiera luckor som behöver fyllas innan du startar. Det kan handla om vidareutbildning, att hitta lämpliga partners eller att använda kostnadsfria verktyg och resurser på nätet.

Välj teknik och verktyg

För de flesta moderna företag är användningen av teknik avgörande. Att välja rätt verktyg för kommunikation, redovisning, projektledning eller marknadsföring kan öka effektiviteten och spara kostnader. Här senare i detalj.

Bygga upp ett varumärke och en närvaro på nätet

Ett starkt varumärke och närvaro på nätet är avgörande för framgång. Detta inkluderar att utveckla ett varumärke, en logotyp och en webbplats samt att använda sociala medier för att skapa synlighet och engagemang. Detta beskrivs i volym 3.

Förbereda lanseringen

Slutligen bör alla förberedelser för den faktiska lanseringen göras, inklusive skapandet av marknadsföringsmaterial, upprättandet av försäljningskanaler och planeringen av en lanseringsstrategi.

Förberedelsefasen kräver tålamod, uthållighet och en vilja att lära och anpassa sig. En genomtänkt plan som bygger på realistiska antaganden kan avsevärt öka sannolikheten för en lyckad företagsstart, även utan ett betydande startkapital.

Tre: Den artificiella intelligensens särskilda roll i nystartade företag

Idag kan artificiell intelligens (AI) spela en avgörande roll i utvärderings- och uppstartsfasen av ett företag utan kapital genom att ge stöd som annars skulle kräva betydande ekonomiska eller mänskliga resurser eller inte skulle vara tillgängligt alls. AI kan hjälpa potentiella grundare att identifiera luckor på marknaden, optimera affärsmodeller och utveckla effektiva strategier för marknadsföring och försäljning.

Artificiell intelligens (AI) är ett område inom datavetenskapen som syftar till att utveckla maskiner eller datorprogram som kan utföra uppgifter som normalt kräver mänsklig intelligens. Det kan handla om att förstå naturligt språk, känna igen mönster och bilder, fatta beslut och lära sig av erfarenheter. Utvecklingen av AI-system bygger på olika discipliner som matematik, statistik, psykologi och kognitionsvetenskap och använder tekniker från områden som maskininlärning, djupinlärning, neurala nätverk och robotik.

En central aspekt av AI är maskininlärning (ML), en metod där maskiner lär sig av data utan att vara uttryckligen programmerade. Genom att träna med stora mängder data kan ML-modeller känna igen mönster och göra förutsägelser. Deep learning, en delmängd av maskininlärning, använder komplexa neurala nätverk med många lager (därav namnet "deep") för att känna igen ännu finare mönster i data, vilket är särskilt användbart vid bild- och taligenkänning.

Tillämpningarna av AI är mångsidiga och genomsyrar många aspekter av det dagliga livet och olika branscher. Inom medicin hjälper AI till att diagnostisera sjukdomar, anpassa behandlingsplaner och förutsäga epidemier. Inom finanssektorn används AI för algoritmisk handel, upptäckt av bedrägerier och riskhantering. Inom fordonsindustrin driver AI utvecklingen av självkörande fordon. Och inom konsumentteknik förbättrar AI personliga assistenter, rekommendationssystem och sökmotorer.

AI har funnits sedan 1970-talet, men det är först på senare tid som den har revolutionerat masstillämpningen. Och det är inte förrän nu som det finns billiga och kraftfulla AI-system som kan användas i stor skala.

Nystartade företag har ofta stora mängder data som kan användas för att få insikter om kundbeteende, marknadstrender och operativ effektivitet. AI-system, särskilt de som bygger på maskininlärning, är utmärkta på att känna igen mönster i data och kan hjälpa nystartade företag att fatta välgrundade beslut, minimera risker och utveckla skräddarsydda strategier. Med hjälp av AI är det nu möjligt att få insikter som inte var tillgängliga förrän nyligen, inte ens för mycket pengar.

Artificiell intelligens (AI) kan också användas för att simulera och utvärdera affärsidéer i samband med nystartade företag. Denna förmåga hos AI öppnar upp för helt nya sätt för nystartade företag och entreprenörer att analysera genomförbarheten, marknadspotentialen och riskerna med sina affärsidéer innan de investerar betydande tid och resurser i genomförandet.

Marknadsundersökningar och analyser

Användningen av AI-verktyg för att analysera stora mängder data från olika källor innebär en revolution för hur entreprenörer och nystartade företag utvärderar genomförbarheten av sina affärsidéer. Dessa tekniker gör det möjligt att på kort tid få en omfattande förståelse för marknaden, vilket traditionellt ofta bara har uppnåtts ofullständigt genom tidskrävande och kostnadsintensiv manuell forskning. Här är några konkreta fördelar och metoder för hur AI används i detta sammanhang:

- **Automatiserad marknadsanalys:** AI-algoritmer kan söka och analysera enorma mängder data från internet, sociala medier, branschrapporter och andra källor. De känner igen mönster och trender som är relevanta för affärsidén, t.ex. förändringar i konsumenternas preferenser eller nya marknadsnischer som håller på att växa fram.

- **Identifiering av kundpreferenser:** Genom att analysera beteendedata online, kundrecensioner och feedback på sociala nätverk kan AI-system ge detaljerade insikter om målkundernas preferenser och behov. Denna information är avgörande för utvecklingen av produkter eller tjänster som är exakt anpassade till marknadens behov.

- **Konkurrentanalys:** AI kan användas för att övervaka konkurrenternas strategier och aktiviteter. Genom att analysera offentligt tillgänglig information som innehåll på webbplatser, pressmeddelanden och aktiviteter på sociala medier kan AI-verktyg skapa en tydlig bild av konkurrenssituationen. Detta gör det möjligt för entreprenörer att vässa sin egen positionering och identifiera konkurrensfördelar.

- **Förutse marknadstrender:** AI-modeller baserade på maskininlärning kan inte bara analysera aktuella data utan även förutse framtida trender. De kan bearbeta data via tidsserieanalyser för att förutsäga i vilken riktning marknaden eller vissa kundpreferenser kommer att utvecklas. Denna prediktiva förmåga är särskilt värdefull för den strategiska planeringen och den långsiktiga inriktningen av verksamheten.

- **Riskbedömning: Förutom att** identifiera möjligheter kan AI-verktyg också hjälpa till att identifiera potentiella risker. Genom att analysera marknadsdata, ekonomiska indikatorer och till och med politiska händelser kan AI-system identifiera riskfaktorer som kan påverka en affärsidé. Detta möjliggör en välgrundad riskbedömning och utveckling av strategier för riskreducering.

Genom att implementera AI i utvärderingsfasen av ett nystartat företag kan entreprenörer fatta beslut baserade på data snarare än antaganden eller begränsad information. Detta ökar sannolikheten för framgång genom att säkerställa att affärsidén inte bara är genomförbar, utan också optimalt anpassad till målmarknaden. Tillgången till dessa tekniker blir alltmer tillgänglig genom molnbaserade AI-tjänster och plattformar, även för nystartade företag och företag utan omfattande resurser. Exempel på dessa system förklaras nedan.

Planering av affärsmodeller

Integreringen av artificiell intelligens (AI) i den strategiska planeringen och analysen av affärsmodeller förändrar hur grundare av företag utvecklar, testar och anpassar sina koncept. Denna teknik möjliggör en djupgående analys av marknadsdata och konsumentbeteende som går långt utöver gränserna för traditionella analysmetoder. Genom att simulera olika affärsmodeller med hjälp av en mängd olika datakällor, såsom information om liknande företag, branschtrender och historisk marknadsutveckling, ger AI ett heltäckande perspektiv på affärsmodellens potentiella prestanda. AI beaktar ett brett spektrum av scenarier, från förändringar i konsumenternas efterfrågan till fluktuationer i leveranskedjor och ekonomiska förhållanden, för att visa hur dessa faktorer kan påverka lönsamhet och tillväxt.

AI:s förmåga att bedöma marknadspotentialen inkluderar uppskattning av marknadsstorlek, tillväxtpotential och marknadsmättnad. Dessa uppskattningar är avgörande för att bedöma hur väl en affärsmodell kan skalas upp. Dessutom möjliggör AI-analys av konsumentdata exakta förutsägelser av kundernas beteende, inklusive köpvanor och varumärkeslojalitet, vilket är viktigt för att finjustera produkterbjudanden och marknadsföringsstrategier.

AI ger också ett viktigt bidrag till risk- och känslighetsanalys genom att visa hur en affärsmodell kan reagera på förändringar i externa faktorer som lagstiftning, ekonomiska nedgångar eller teknisk utveckling. Denna information är ovärderlig för att utveckla robusta och motståndskraftiga affärsstrategier. Samtidigt kan AI genom att analysera interna operativa data identifiera ineffektiva processer och lyfta fram möjligheter till optimering, vilket kan leda till betydande kostnadsbesparingar och effektivitetsvinster.

En annan viktig fördel med AI är dess förmåga att lära sig och anpassa sig utifrån de data den samlar in. Genom att kontinuerligt övervaka marknaden och analysera företagets framgångar kan AI ge värdefulla anpassningsrekommendationer som gör det möjligt för företag att reagera flexibelt på marknadsförändringar och ta tillvara på möjligheter när de uppstår.

Sammantaget ger användningen av AI för att simulera och utvärdera affärsmodeller en solid, databaserad grund för strategiska beslut. Tekniken minimerar risken för felaktiga beslut och maximerar chanserna att lyckas med den valda affärsmodellen. För grundare av företag innebär detta en avgörande resurs som hjälper dem att förverkliga sina visioner med större tydlighet och sannolikhet för framgång.

Simulering av olika affärsmodeller med hjälp av AI

Att simulera olika affärsmodeller med hjälp av artificiell intelligens är en transformativ metod som gör det möjligt för entreprenörer och beslutsfattare att bedöma bärkraften, effektiviteten och den potentiella framgången för sina affärsidéer under ett brett spektrum av förhållanden och scenarier. Denna avancerade tillämpning av AI ger möjlighet att analysera komplexa data och göra förutsägelser som är ovärderliga för strategisk planering. Här är de viktigaste aspekterna av hur AI fungerar vid simulering av affärsmodeller och vilka fördelar det ger:

Grundläggande principer för AI-simulering

I dagens affärsvärld spelar datadrivna analyser en central roll, och artificiell intelligens har visat sig vara ett kraftfullt verktyg för att ta dessa analyser till en ny nivå. AI-system kan bearbeta och analysera omfattande datamängder som samlats in från en mängd olika källor. Det kan handla om allt från historiska försäljningssiffror, kundbeteenden och marknadsanalyser till socioekonomiska indikatorer. Det viktiga här är att AI inte bara kan bearbeta stora mängder information, utan också kan känna igen mönster, trender och korrelationer i dessa data som kan vara dolda för det mänskliga ögat.

Med dessa insikter går AI-systemen längre än bara dataanalys och övergår till scenariomodellering. De använder de insamlade uppgifterna för att modellera en mängd olika "what-if"-scenarier som representerar ett brett spektrum av möjliga framtider. Scenariomodelleringen tar hänsyn till en mängd variabler, inklusive olika marknadsförhållanden, förändrad konkurrenssituation, varierande kundpreferenser och andra relevanta faktorer. Genom att gå igenom dessa scenarier kan ett företag bättre förstå hur olika externa influenser kan påverka dess affärsmodell.

En avgörande aspekt av AI-stödd analys är förmågan att förutsäga och prognostisera. Med hjälp av maskininlärning och avancerad statistisk modellering kan AI-system förutsäga framtida resultatindikatorer för en affärsmodell under olika simulerade förhållanden. Dessa förutsägelser kan gälla en rad olika nyckeltal, t.ex. intäkter, tillväxt och marknadsandelar. Genom att analysera hur olika scenarier kommer att påverka dessa indikatorer kan företagen fatta välgrundade beslut om vilka strategier de bör följa för att säkerställa framgång och minimera riskerna.

Detta AI-stödda tillvägagångssätt för strategisk planering och beslutsfattande ger företagen en betydande fördel. Det möjliggör djupare och bredare analyser än traditionella metoder, vilket ger en datadriven grund för beslutsfattande som minskar osäkerheten och ökar förtroendet för de valda strategierna. Genom att integrera AI i sina planeringsprocesser kan företag inte bara optimera sin nuvarande verksamhet, utan också vara bättre förberedda för framtida utmaningar och möjligheter.

Fördelar med AI-simulering

Införandet av artificiell intelligens i den strategiska planeringen och analysen av affärsmodeller öppnar en värld av möjligheter för entreprenörer att testa och förfina sina idéer i en riskfri miljö.

Dessa avancerade tekniker ger en unik möjlighet att förstå de potentiella effekterna av olika beslut innan faktiska investeringar görs eller strategiska inriktningar tas. Genom att simulera olika affärsmodeller kan entreprenörer inte bara bedöma de finansiella effekterna av sina beslut, utan också få insikt i potentiella operativa och marknadsspecifika utmaningar. Detta tillvägagångssätt minimerar risken genom att olika strategier och tillvägagångssätt kan övervägas utan behov av verkliga finansiella åtaganden eller operativa förändringar.

Dessutom främjar AI-simuleringar en hög grad av anpassningsförmåga i affärsmodeller. I en värld där marknadsvillkor och konkurrensförhållanden kan förändras snabbt är förmågan att snabbt anpassa och optimera affärsmodeller en avgörande fördel. AI-teknik gör det möjligt för företag att inte bara reagera på dessa förändringar, utan också att förutse dem och proaktivt anpassa strategier för att stärka sin marknadsposition eller dra nytta av nya möjligheter. Denna flexibilitet är särskilt värdefull på volatila marknader, där förmågan att reagera snabbt och sunt ofta gör skillnaden mellan framgång och misslyckande.

Ökad effektivitet är en annan viktig fördel som uppnås genom användning av AI vid analys och planering av affärsmodeller. AI-system kan identifiera de mest effektiva strategierna för drift, försäljning och marknadsföring genom att analysera stora mängder data. Denna information gör det möjligt för företag att bättre rikta sina resurser, minska slöseri och förbättra den övergripande prestandan. Genom att optimera dessa kärnområden kan företagen öka sin produktivitet, minska kostnaderna och i slutändan öka sin konkurrenskraft och sitt marknadsvärde.

I slutändan fungerar de insikter som AI genererar som ett avgörande stöd för beslutsfattandet. Insikterna från simuleringarna och analyserna ger en bra grund för beslut om företagets affärsmodell och strategiska inriktning. Dessa datadrivna beslut ökar sannolikheten för framgång genom att ledningen kan fatta välgrundade, mer korrekta och framåtblickande beslut. I en affärsvärld som blir alltmer komplex och oförutsägbar är användningen av AI-teknik en värdefull resurs för att minimera risker, främja anpassningsförmåga, öka effektiviteten och i slutändan fatta välgrundade, framtidssäkrade beslut.

Genomförande i praktiken

Att implementera AI för att simulera affärsmodeller kräver tillgång till relevanta data, avancerade analysverktyg och expertis inom maskininlärning. Företagen kan använda sig av en rad olika tekniker och plattformar, t.ex.

- **Molnbaserade AI-tjänster** som erbjuder avancerade analysfunktioner och är lätt skalbara.
- **Specialiserade programvarulösningar** som utvecklats för att modellera affärsscenarier och genomföra simuleringar.
- **Samarbete med datavetare och AI-experter** som utvecklar skräddarsydda modeller som är specifikt anpassade till företagets behov och mål.

Att använda AI för att simulera olika affärsmodeller möjliggör en ny nivå av strategisk planering och beslutsfattande baserat på omfattande dataanalyser och välgrundade förutsägelser. På så sätt får företagen möjlighet att testa, anpassa och förfina sina strategier och fokusera på de mest effektiva vägarna till framgång.

Vilka leverantörer finns det?

För simulering av affärsmodeller med artificiell intelligens (AI) finns olika leverantörer med ett brett utbud av verktyg och plattformar. Dessa leverantörer sträcker sig från omfattande molntjänster till specialiserade programvaruföretag som fokuserar på AI, maskininlärning och dataanalys.

Plattformar för molnbaserad databehandling

Molntjänster är internetbaserade infrastrukturer som förser organisationer och enskilda med datorkraft, datalagring och en mängd olika tjänster över internet utan att användaren behöver äga eller underhålla fysisk hårdvara. Dessa plattformar erbjuder ett flexibelt, skalbart och ofta kostnadseffektivt sätt att få tillgång till och använda teknik, med möjlighet att utöka eller minska resurserna efter behov.

Cloud computing-plattformar har fått en revolutionerande roll i samband med artificiell intelligens. De gör det möjligt för forskare, utvecklare och företag att utveckla, träna och genomföra avancerade AI-tillämpningar och projekt utan att behöva investera i dyr hårdvara eller infrastruktur. Användningen av cloud computing för AI sträcker sig från tillhandahållande av datorkraft för att träna komplexa maskininlärningsmodeller till användning av specialiserade tjänster för taligenkänning, bildanalys, automatisk översättning och mycket mer.

Genom att ge tillgång till högpresterande GPU:er och TPU:er (Tensor Processing Units) som är särskilt utformade för kraven inom maskininlärning och djupinlärning kan molnplattformar påskynda träningen av AI-modeller. Detta gör det möjligt att uppnå resultat inom timmar eller dagar som annars skulle ta veckor eller månader. Dessutom erbjuder molnplattformar en mängd olika verktyg och tjänster som stöder hela livscykeln för AI-projekt, från dataförberedelse och modellutbildning till driftsättning och skalning av modeller.

Molnets flexibilitet gör det också möjligt för företag och utvecklare att experimentera med olika AI-tekniker och ramverk för att hitta de som bäst passar deras specifika krav. De kan få tillgång till färdigbyggda AI-tjänster som utför specifika uppgifter som tal- eller bildigenkänning, vilket minskar utvecklingsarbetet och förkortar tiden till marknaden.

Dessutom främjar molnet samarbete och utbyte av kunskap och resurser inom den globala AI-communityn. Utvecklare och företag kan enkelt få tillgång till offentligt tillgängliga dataset och modeller, dela med sig av sina egna insikter och dra nytta av bästa praxis. Denna samarbetsstrategi påskyndar innovation och gör det också möjligt för mindre team eller nystartade företag att utveckla avancerade AI-lösningar.

Amazon Web Services/SageMaker

Amazon Web Services (AWS) har etablerat sig som en ledande plattform inom cloud computing och erbjuder ett brett utbud av tjänster och verktyg för artificiell intelligens (AI) och maskininlärning (ML).

En viktig tjänst i denna portfölj är Amazon SageMaker, som är speciellt utformad för att göra det lättare för användare att arbeta med maskininlärningsmodeller.

Amazon SageMaker är en helt hanterad tjänst som tillhandahålls av Amazon Web Services för att förenkla och påskynda skapandet, träningen och distributionen av maskininlärningsmodeller. Denna plattform är utformad för att göra den komplexa uppgiften med maskininlärning enklare för användarna genom att tillhandahålla en miljö där de kan fokusera mer på modellering och mindre på den underliggande infrastrukturen.

En viktig fördel med Amazon SageMaker är tillhandahållandet av förbehandlade data och inbyggda algoritmer som är optimerade för ett brett spektrum av användningsfall, såsom prediktiv analys, bildigenkänning och naturlig språkbehandling. Dessa förintegrerade algoritmer täcker ett brett spektrum och är utformade för att minska utvecklingstiden genom att låta användare snabbt experimentera med olika tillvägagångssätt för att hitta den bästa lösningen för deras specifika problem.

Förutom att använda dessa inbyggda algoritmer tillåter SageMaker också användare att föra in sina egna anpassade algoritmer och ramar i plattformen. Detta är särskilt värdefullt för avancerade användare och team som har specifika krav eller vill integrera den senaste utvecklingen inom maskininlärning i sina projekt. Stöd för populära ramar som TensorFlow, PyTorch och Apache MXNet, samt flexibiliteten att integrera nästan alla andra maskininlärningsramar via containrar, gör SageMaker till en mångsidig och kraftfull plattform för maskininlärningsprojekt av alla storlekar.

Ett annat viktigt inslag i Amazon SageMaker är förmågan att hantera hela arbetsflödet för maskininlärning, från dataförberedelse och bearbetning, till modellträning och inställning, till distribution och skalning av modeller till produktion. SageMaker tillhandahåller också verktyg för att automatisera och förenkla dessa processer, såsom hyperparameterinställning, som automatiskt hittar de bästa parametrarna för en modell, och AutoML-funktioner, som automatiskt identifierar de bästa algoritmerna och modellerna för en given uppgift.

Genom att ta bort behovet av att oroa sig för den underliggande infrastrukturen kan användarna fokusera på det som betyder mest: förbättra sina maskininlärningsmodeller och maximera deras affärsvärde. Kombinationen av användarvänlighet, flexibilitet och omfattande hanteringsfunktioner gör Amazon SageMaker till ett värdefullt verktyg för organisationer och utvecklare som vill använda maskininlärning på ett effektivt sätt.

SageMaker stöder flexibel och skalbar utbildning av modeller. Användare kan starta träningsjobb med olika konfigurationer av datorresurser för att maximera effektiviteten och optimera kostnaderna. SageMaker hanterar automatiskt den underliggande infrastrukturen och skalar den enligt kraven i träningsjobbet.

Efter utbildning möjliggör SageMaker sömlös distribution av modeller i produktionsmiljöer. Med bara några få klick kan modeller distribueras för realtidsinferens eller batchbearbetningsuppgifter. SageMaker tar hand om skalning och belastningsbalansering för att säkerställa hög tillgänglighet och prestanda.

Amazon SageMaker Studio är en integrerad utvecklingsmiljö som ger ett enhetligt användargränssnitt för att hantera hela arbetsflödet för maskininlärning.

SageMaker tillhandahåller verktyg för att hantera experiment och övervaka modellprestanda i realtid. Användare kan spåra olika versioner av datauppsättningar, algoritmer och modellparametrar, jämföra experiment och välja den bästa konfigurationen. SageMaker Model Monitor upptäcker avvikelser i modellprestanda och kan automatiskt utlösa larm.

Som alla AWS-tjänster erbjuder SageMaker omfattande säkerhets- och efterlevnadsfunktioner för att skydda användarnas data och modeller. Detta inkluderar kryptering i vila och i transit, identitets- och åtkomsthantering och efterlevnad av branschstandarder och regler.

Amazon SageMaker är därmed en heltäckande lösning för alla som vill påskynda implementeringen av AI och maskininlärning utan komplexiteten och omkostnaderna för att hantera den underliggande infrastrukturen. Genom att tillhandahålla verktyg som täcker hela ML-arbetsflödet möjliggör SageMaker snabbare innovation och utveckling av intelligenta applikationer på en säker och skalbar plattform.

Microsoft Azure/Azure maskininlärning/AutoML

Microsoft Azure erbjuder ett brett utbud av AI-tjänster som gör det möjligt att utforma intelligenta applikationer baserade på avancerade analyser och maskininlärning. Inom detta ekosystem spelar Azure Machine Learning en nyckelroll genom att förenkla och påskynda utvecklingsprocessen för maskininlärningsmodeller.

Azure Machine Learning kännetecknas av ett studiogränssnitt som erbjuder en intuitiv visuell drag-and-drop-miljö. Detta gör det möjligt för användare utan djupgående programmeringskunskaper att skapa och hantera komplexa dataflöden, experiment och modeller. Den visuella plattformen gör det mycket enklare att förbereda data, träna modeller och validera.

En av de viktigaste funktionerna inom Azure Machine Learning är automatiserad maskininlärning, förkortat AutoML. Denna funktion automatiserar valet av de bästa modellerna från en uppsättning algoritmer och hyperparametrar för specifika datauppsättningar och problem. AutoML revolutionerar det traditionella tillvägagångssättet genom att minimera den ansträngning och komplexitet som normalt förknippas med manuell inställning av modeller.

Azure Machine Learning stöder dessutom MLOps, en metod som syftar till att automatisera och förenkla maskininlärningsprocesser. MLOps tar beprövade DevOps-metoder och tillämpar dem på livscykeln för maskininlärningsmodeller. Detta inkluderar allt från versionskontroll och testning till kontinuerlig integration och kontinuerlig driftsättning av ML-modeller, vilket möjliggör effektiv och effektiv modellutveckling och driftsättning.

Azure Machine Learning erbjuder också en skalbar och säker miljö för träningsmodeller. Denna miljö säkerställer att både data och modeller skyddas av Microsofts omfattande säkerhets- och efterlevnadsstrukturer. Plattformen integreras också sömlöst med andra Azure-tjänster som Azure Data Lake och Azure Databricks, vilket ger en heltäckande lösning för analys av stora datamängder och lagringskrav.

Förutom Azure Machine Learning innehåller Azure-erbjudandet även Cognitive Services, en samling förbyggda AI-tjänster som gör det enklare för utvecklare att integrera AI-funktioner som taligenkänning och visuell igenkänning i sina applikationer. Dessa tjänster gör det möjligt att implementera intelligenta funktioner i applikationer utan att behöva utveckla egna modeller från grunden.

Sammanfattningsvis erbjuder Azure AI-plattformen en heltäckande lösning för utveckling, utbildning och driftsättning av AI-modeller. Genom att kombinera Azure Machine Learning med Azure Cognitive Services gör Microsoft det möjligt för utvecklare och företag att skapa anpassade, intelligenta applikationer som tillgodoser specifika affärsbehov och samtidigt förbättrar användarupplevelsen.

Google Cloud Platform/AutoML/AI Platform/BigQuery

Google Cloud Platform (GCP) är en omfattande och dynamisk uppsättning molntjänster som är särskilt utformade för att stödja utveckling, utbildning och driftsättning av skräddarsydda maskininlärningsmodeller och kraftfulla dataanalyser. Inom detta ekosystem spelar tjänster som AutoML, AI Platform och BigQuery en central roll genom att tillhandahålla en robust grund för datavetare, utvecklare och organisationer för att utveckla avancerade AI- och ML-baserade lösningar.

Google Cloud AutoML är en revolutionerande metod för maskininlärning som gör det möjligt för användare med begränsade kunskaper i ML att skapa högkvalitativa modeller med sina egna data. Genom att använda Googles avancerade tekniker som Transfer Learning och Neural Architecture Search automatiserar AutoML processen för modellutveckling. Detta tillvägagångssätt gör det enklare än någonsin att utveckla specialiserade modeller för en mängd olika tillämpningar, oavsett om det gäller bildigenkänning, naturlig språkbehandling, textöversättning eller strukturerad dataanalys. Med AutoML kan användarna skapa anpassade modeller för specifika behov, från analys av kundfeedback till optimering av lagerprognoser.

GCP:s AI-plattform utökar dessa möjligheter genom att tillhandahålla en integrerad end-to-end-plattform som täcker hela arbetsflödet för maskininlärning. Denna plattform gör det möjligt för utvecklare och datavetare att bygga, träna och distribuera sina ML-modeller på en skalbar, hanterad infrastruktur. Med en mängd olika verktyg och tjänster som sträcker sig från databehandling till prediktion stöder AI-plattformen hela livscykeln för ML-projekt. Genom att integrera hanterade miljöer för träningsmodeller och exponera dessa modeller som API:er för realtids- eller batchförutsägelser, tillsammans med en integrerad Jupyter Notebook-miljö, förenklar AI-plattformen avsevärt utvecklingen och testningen av ML-experiment.

BigQuery kompletterar detta erbjudande med sin kraftfulla, serverlösa och mycket skalbara datalagerlösning som är särskilt utformad för analys av stora datamängder. Med BigQuery kan användarna snabbt utföra komplexa SQL-frågor på enorma datamängder, vilket ger dem värdefulla insikter på några sekunder. Tack vare möjligheten till sömlös interaktion med andra GCP-tjänster kan användarna effektivt utveckla och distribuera datadrivna ML-modeller. Genom att stödja BigQuery får organisationer möjlighet att utföra omfattande dataanalyser och bygga sitt beslutsfattande på en solid datagrund.

Kombinationen av dessa tjänster på Google Cloud Platform gör det möjligt för företag och utvecklare att dra nytta av AI för att förbättra sina produkter och tjänster, skapa effektivare processer och utveckla innovativa applikationer. Med AutoML, AI Platform och BigQuery erbjuder GCP en flexibel och kraftfull miljö som inte bara förenklar utan också demokratiserar utvecklingen och distributionen av AI- och ML-lösningar. Dessa tjänster öppnar upp nya möjligheter för datadrivet beslutsfattande och skapandet av värdefulla, intelligenta applikationer baserade på varje organisations specifika behov och mål.

Specialiserade AI- och analysplattformar

Cloud computing-plattformar och specialiserade AI- och analysplattformar erbjuder alla unika funktioner och resurser för utveckling och implementering av AI-tillämpningar. Den största skillnaden mellan dessa två typer av plattformar ligger i deras omfattning och specialisering.

Specialiserade AI- och analysplattformar är särskilt utformade för utveckling och träning av AI-modeller. Dessa plattformar erbjuder avancerade algoritmer, bibliotek och verktyg som är särskilt utformade för maskininlärning och djupinlärning. De gör det möjligt för användarna att skapa komplexa modeller som kan tränas på stora datamängder för att känna igen mönster, göra förutsägelser och simulera beslut. Även om vissa av dessa plattformar erbjuder molnbaserade versioner eller integrationer med molntjänster, är deras huvudsakliga syfte att tillhandahålla specialiserade resurser och miljöer som är optimerade för forskning och utveckling av artificiell intelligens.

Att använda AI för att simulera affärsmodeller kräver vanligtvis att man bearbetar stora datamängder, utför komplexa beräkningar och tränar modeller för att göra förutsägelser om framtida affärsresultat. Medan molnplattformar tillhandahåller den nödvändiga infrastrukturen och skalbarheten för sådana uppgifter, tillhandahåller specialiserade AI- och analysplattformar de djupgående tekniska resurser och den optimerade miljö som krävs för de specifika utmaningarna med utveckling och analys av AI-modeller.

Följande leverantörer är viktiga:

IBM Watson/Watson maskininlärning

IBM Watson, liksom andra, representerar framsteg inom artificiell intelligens och maskininlärning genom att tillhandahålla en avancerad plattform som syftar till att hjälpa företag att analysera komplexa data, få värdefulla insikter, göra förutsägelser och automatisera processer.

Plattformen använder en kombination av naturlig språkbehandling, maskininlärning, dataanalys och kognitiva funktioner för att stödja en mängd olika applikationer och lösningar inom olika branscher.

En central aspekt av IBM Watson är dess förmåga att utvinna dolda insikter från en mängd olika datakällor. Genom att analysera ostrukturerad data från dokument, webbplatser och andra källor gör Watson Discovery det möjligt för företag att identifiera trender, mönster och relationer i sina data. Dessa djupgående analyser möjliggörs genom användning av NLP och maskininlärning, vilket utgör grunden för en omfattande datautvärdering.

IBM Watson utmärker sig också genom att erbjuda en plattform för utveckling av intelligenta virtuella assistenter. Watson Assistant är utformad för att förstå naturligt språk och kan konfigureras för en mängd olika användningsområden, t.ex. kundtjänst eller interna helpdesks. Assistenterna kan automatiskt besvara frågor och ge riktat stöd till användarna, vilket leder till effektivare kommunikation och bättre användarupplevelser.

För datavetare, utvecklare och experter erbjuder Watson Studio en integrerad miljö som förenklar skapandet, utbildningen och hanteringen av datamodeller. Denna miljö stöder inte bara en mängd olika ramverk och verktyg för maskininlärning, utan uppmuntrar också till samarbete inom team för att optimera utvecklingen och implementeringen av modeller.

Dessutom gör Watson Machine Learning det möjligt för företag att effektivt distribuera och skala maskininlärningsmodeller. Dessa modeller kan användas för att automatisera förutsägelser och optimera beslutsprocesser och kan distribueras i molnet, lokalt eller i hybridmiljöer. Watson Natural Language Understanding och Watson Visual Recognition utökar dessa funktioner genom att analysera och tolka text och bilder, vilket gör att företag kan få en djupare förståelse för sina data och effektivt analysera komplext innehåll.

Utöver dessa olika verktyg och tjänster erbjuder IBM Watson också speciallösningar för olika branscher, till exempel hälso- och sjukvård och finansiella tjänster. Med hjälp av Watson Health kan man till exempel analysera medicinska data för att stödja diagnoser och utvärdera behandlingsalternativ, medan Watson

Financial Services erbjuder lösningar för riskhantering och kundengagemang inom finanssektorn.

IBM Watson har etablerat sig som ett värdefullt verktyg för organisationer över hela världen genom sin förmåga att bearbeta komplexa data och leverera djupa insikter. Plattformen förändrar hur organisationer arbetar, fattar datadrivna beslut och skapar nytt värde genom att utnyttja de omfattande möjligheterna med artificiell intelligens för att hantera olika utmaningar och krav.

SAS/Visuell datautvinning/maskininlärning

SAS, känt som en global ledare inom analys och datahantering, har under åren avsevärt utökat sin kapacitet till att erbjuda inte bara traditionella statistiska analyser utan även avancerade områden som artificiell intelligens (AI) och maskininlärning (ML). Denna expansion gör det möjligt för företag att få värdefulla insikter från sina data, simulera affärsmodeller och förfina beslutsprocesser. Kärnan i SAS lösningar är möjligheten att utföra komplexa dataanalyser med hjälp av ett brett spektrum av statistiska metoder. Detta inkluderar tekniker som regression, tidsserieanalys och multivariata analyser, som har värdefulla tillämpningar inom ett brett spektrum av branscher, från finansiella tjänster till hälso- och sjukvård och detaljhandel.

Integreringen av AI och ML i SAS erbjudande markerar ett avgörande steg mot framtidens dataanalys. Lösningen SAS Visual Data Mining and Machine Learning kännetecknas framför allt av att den förenklar utveckling, utbildning och implementering av ML-modeller. Genom att tillhandahålla en visuell programmeringsmiljö gör SAS det möjligt för användare utan djupgående programmeringskunskaper att utforska data, skapa modeller och göra förutsägelser.

Erbjudandet kompletteras av SAS Viya, en modern, molnbaserad och skalbar analysplattform som främjar samarbetet mellan datavetare, analytiker och utvecklare. Viya stöder inte bara moderna dataanalyser och maskininlärning, utan påskyndar också utvecklingen och tillhandahållandet av innovativa modeller.

När det gäller simulering och optimering erbjuder SAS verktyg som SAS Simulation Studio, som hjälper företag att simulera och analysera affärsprocesser och system. Genom att kunna köra igenom olika scenarier kan företag bättre bedöma effekterna av strategiska beslut eller marknadsförändringar och fatta välgrundade beslut. SAS Decision Manager möjliggör i sin tur integration och automatisering av affärsregler, prediktiv modellering och beslutsprocesser, vilket ökar effektiviteten och ändamålsenligheten i affärsprocesserna.

En annan viktig aspekt av SAS erbjudande är datahantering. Med SAS Data Management erbjuder SAS en integrerad plattform för insamling, rensning, omvandling och hantering av data från olika källor. Plattformen säkerställer en konsekvent och korrekt databas som är optimerad för analys. Detta kompletteras av SAS Visual Analytics, som möjliggör visuell datautforskning och skapandet av interaktiva rapporter och instrumentpaneler för att göra komplexa data och analysresultat begripliga och tillgängliga.

Genom att kombinera kraftfulla analysmöjligheter med avancerad AI och ML hjälper SAS företag i alla storlekar och branscher att fatta datadrivna beslut, automatisera sina processer och förbättra sin prestanda. Med många års erfarenhet och ett omfattande utbud av lösningar spelar SAS en central roll för att hjälpa företag att navigera i utmaningarna med digital transformation och få en hållbar konkurrensfördel.

Alteryx

Alteryx är en plattform som är särskilt utformad för att demokratisera analys och automatisering av affärsprocesser genom att göra datavetenskap och analys tillgängliga för en bredare publik. Kärnan i denna revolution är Alteryx användarvänliga, visuella gränssnitt, som gör det möjligt för personer utan djupgående programmeringskunskaper att utföra komplex dataanalys, prediktiv modellering och automatisering av arbetsflöden på ett effektivt sätt. Detta bryter ner de traditionella hindren för datavetenskap och öppnar upp nya möjligheter för affärsanalytiker och beslutsfattare som nu direkt kan få tillgång till och använda avancerade analysverktyg.

Alteryx intuitiva dra-och-släpp-gränssnitt gör det enkelt för användarna att bearbeta, analysera och koppla samman data. Denna tillgänglighet är ett stort steg framåt när det gäller att utöka kapaciteten för dataanalys och bearbetning bortom gränserna för traditionella datavetenskapsteam. Användarna kan enkelt importera och sammanfoga data från en mängd olika källor, oavsett om de kommer från databaser, molntjänster eller lokala filer, och plattformen tillhandahåller omfattande verktyg för att rensa, standardisera och förbereda data för analys.

En viktig fördel med Alteryx är integrationen av avancerad analys och maskininlärning, som gör det möjligt att skapa prediktiva modeller utan omfattande statistiska kunskaper. Plattformen stöder ett brett utbud av statistiska analyser och ML-algoritmer som möjliggör djupgående analyser och förutsägelser, direkt tillämpliga i användargränssnittet.

Automatisering av arbetsflöden är en annan viktig funktion i Alteryx, som gör det möjligt för användare att automatisera hela dataanalysprocessen från dataförberedelse till analys och rapportering. Denna automatisering sparar inte bara värdefull tid, utan ökar också effektiviteten i databehandlingen genom att möjliggöra kontinuerliga insikter och uppdateringar som kan utlösas antingen enligt schema eller som svar på specifika händelser.

Alteryx utmärker sig också för sina omfattande spatiala analysverktyg som gör det möjligt för användare att analysera platsdata, identifiera geografiska mönster och fatta välgrundade beslut om lokalisering. Denna förmåga är ovärderlig inom sektorer som detaljhandel, fastigheter och logistik.

Alteryx främjar också samarbete och utbyte av insikter inom team och organisationer genom att göra det enkelt att dela arbetsflöden, modeller och rapporter. Möjligheten att integrera Alteryx med ledande BI-verktyg som Tableau, Power BI och Qlik underlättar ytterligare visualisering och delning av analysresultat, vilket förbättrar beslutsfattandet inom organisationer.

Genom att sänka trösklarna för användning av avancerad datateknik gör Alteryx det möjligt för organisationer att fatta datadrivna beslut snabbare och mer effektivt än någonsin tidigare. Plattformen tillgodoser den växande efterfrågan på kraftfulla, tillgängliga verktyg för dataanalys och automatisering, vilket ger organisationer i alla storlekar ökade möjligheter att utnyttja sina data och få transformativa insikter som leder till hållbar framgång.Nystartade företag och nischleverantörer

DataRobot

DataRobot har etablerat sig som en viktig aktör inom området automatiserade maskininlärningsplattformar, så kallade AutoML. Denna plattform är utformad för att avsevärt påskynda och förenkla processen med att utveckla och implementera prediktiva modeller. Den öppnar dörren för användare på alla nivåer - från erfarna datavetare till affärsanalytiker - så att de snabbt och enkelt kan skapa högkvalitativa maskininlärningsmodeller utan att behöva fördjupa sig i modelleringsprocessens komplexitet.

DataRobots kärna ligger i automatiseringen av hela modelleringsprocessen. Från dataförberedelse till funktions- och modellval till finjustering av hyperparametrar - allt detta täcks av ett omfattande utbud av stödda maskininlärningsalgoritmer. Dessa algoritmer tillämpas automatiskt på de angivna datauppsättningarna för att identifiera den optimala modellen för det givna problemet. Denna omfattande automatisering förenklar avsevärt den annars arbetsintensiva och komplexa processen med att skapa modeller.

En annan viktig aspekt av DataRobot är dess användarvänlighet och tillgänglighet. Plattformen har ett intuitivt användargränssnitt som gör det enkelt att ladda upp data, träna modeller och generera förutsägelser. Detta görs utan att man behöver fördjupa sig i komplex kodning eller skaffa sig omfattande kunskaper inom maskininlärning. Detta demokratiserar tillgången till avancerad maskininlärning för en bredare användarbas, vilket gör det lättare att skapa korrekta och tillförlitliga modeller.

DataRobot är inte bara känt för sin användarvänlighet och automatiseringsförmåga, utan också för sitt breda utbud av användningsområden inom olika branscher. Från finansiella tjänster och sjukvård till tillverkning och detaljhandel stöder plattformen förutsägelse av kundomsättning, upptäckt av bedrägerier, efterfrågeprognoser och många andra scenarier. Denna mångsidighet gör DataRobot till ett värdefullt verktyg för organisationer som vill förbättra sitt beslutsfattande baserat på data.

Förutom att skapa modeller underlättar DataRobot också tillhandahållandet av dem som ett API, vilket förenklar integrationen av förutsägelser i befintliga applikationer och system. Plattformen innehåller också omfattande funktioner för hantering och underhåll av modeller, inklusive versionering och övervakning för att säkerställa deras effektivitet och noggrannhet över tid.

En fördel med DataRobot som inte bör underskattas är dess engagemang för att förklara AI. Plattformen ger detaljerade insikter i hur modellerna fungerar, förklarar innebörden av enskilda funktioner och förklarar varför vissa förutsägelser gjordes. Denna transparens är avgörande för att främja förtroendet för AI-stödda beslut och säkerställa att de är begripliga och motiverade.

Slutligen är DataRobot optimerad för molnet och erbjuder den nödvändiga skalbarheten för att hålla jämna steg med företagens växande data- och databehandlingsbehov. Möjligheten att bearbeta stora datamängder och träna komplexa modeller utan att behöva oroa sig för den underliggande infrastrukturen är en annan viktig fördel som gör DataRobot attraktiv för organisationer i alla storlekar.

DataRobot är en kraftfull lösning för organisationer som vill dra nytta av fördelarna med maskininlärning utan att behöva investera omfattande resurser i att bygga upp ett internt team av experter inom datavetenskap. Genom att förenkla och påskynda maskininlärningsprocessen gör DataRobot det möjligt för organisationer att snabbt och effektivt generera värdefulla förutsägelser för att driva datadrivna beslut och innovation.H2O.ai

H2O.ai har etablerat sig som en viktig aktör inom artificiell intelligens (AI) och maskininlärning (ML), främst genom tillhandahållandet av sin open source-plattform H2O. Denna plattform gör det möjligt för företag att utveckla avancerad dataanalys och maskininlärningsmodeller som är skräddarsydda för ett brett spektrum av applikationer och branscher. H2O.ai utmärker sig genom sin användarvänlighet, flexibilitet och tillhandahållande av kraftfulla algoritmer som gör det möjligt att känna igen komplexa datamönster, generera exakta förutsägelser och optimera datadrivna beslut.

Som en plattform med öppen källkod ger H2O.ai en särskild nivå av tillgänglighet och transparens till området datavetenskap och maskininlärning. Detta främjar inte bara samarbete och kunskapsdelning inom datavetenskap, utan gör det också möjligt för organisationer att utveckla kraftfulla ML-modeller utan betydande initiala kostnader. Plattformen har ett omfattande bibliotek med förimplementerade algoritmer som täcker ett brett spektrum av inlärningsmetoder, från övervakad och oövervakad inlärning till avancerade tekniker som beslutsträd, ensemblemetoder, gradient boosting-maskiner, deep learning och klustring.

H2O:s användarvänlighet och flexibilitet är särskilt anmärkningsvärda. Plattformen kan sömlöst integreras i befintliga teknikstackar och erbjuder gränssnitt för vanliga programmeringsspråk som R, Python, Scala och

Java. Denna kompatibilitet gör det möjligt för analytiker och utvecklare att enkelt integrera H2O i sina befintliga arbetsflöden och utöka sina skript eller applikationer. En speciell egenskap hos H2O är AutoML-funktionen, som automatiserar processen för modellval och hyperparameteroptimering. Detta snabbar inte bara upp modellutvecklingsprocessen, utan gör också maskininlärning tillgängligt för användare utan djupgående expertis.

H2O.ai visar sig också från sin bästa sida när det gäller skalbarhet och prestanda. Plattformen är utformad för hög prestanda och effektivitet, vilket gör att den kan användas på enskilda maskiner såväl som i distribuerade system över kluster. Denna skalbarhet är avgörande för att snabbt kunna bearbeta stora datamängder och modellera komplexa problem. Dessutom använder H2O minnesbehandling för att möjliggöra snabb dataanalys och modellutbildning, vilket är en betydande fördel särskilt för tidskritiska applikationer.

En annan viktig aspekt av H2O.ai är dess branschöverskridande tillämplighet. Plattformen används inom en rad olika branscher, t.ex. finans, hälsovård, marknadsföring, försäkring och tillverkning. H2O:s mångsidighet och kraft gör det möjligt för företag att utveckla skräddarsydda lösningar för specifika branschutmaningar. Genom ett stort antal fallstudier och framgångshistorier har H2O.ai visat hur användningen av plattformen kan leda till effektivitetsvinster, kostnadsminskningar och förbättrade beslutsprocesser.

Sammanfattningsvis tillhandahåller H2O.ai en kraftfull och tillgänglig plattform som revolutionerar användningen av datavetenskap och AI i företag av alla storlekar. H2O:s karaktär av öppen källkod uppmuntrar ett brett införande och kontinuerlig utveckling av ett aktivt och engagerat community. Med H2O.ai kan företag dra full nytta av maskininlärning för att optimera sina affärsprocesser och ligga steget före konkurrenterna.

RapidMiner

RapidMiner har etablerat sig som en annan datavetenskapsplattform som är utformad för att stödja team i det effektiva och effektiva förverkligandet av komplexa datavetenskapsprojekt. Detta inkluderar hela livscykeln från dataförberedelse, analys och modellering till operationalisering och implementering. Plattformen kännetecknas av sitt intuitiva användargränssnitt, mångsidighet och djupa integration, vilket också gör det möjligt för analytiker och affärsanvändare utan omfattande programmeringskunskaper att göra sofistikerade dataanalyser och maskininlärning tillgängliga.

RapidMiners visuella programmeringsmiljö, där användarna kan skapa och anpassa databehandlingsprocedurer genom att helt enkelt dra och släppa operatörer, är en kärnfunktion som gör plattformen särskilt användarvänlig. Denna typ av miljö demokratiserar tillgången till avancerad analys och maskininlärning genom att presentera komplexa processer på ett visuellt intuitivt sätt.

En annan viktig fördel med RapidMiner är dess omfattande stöd för dataförberedelse och analys. Plattformen underlättar inte bara grundläggande dataförberedelser som rensning, omvandling och berikning, utan erbjuder också avancerade analytiska funktioner. Med ett brett utbud av maskininlärning och statistiska modelleringstekniker kan användarna experimentera med allt från enkla regressioner till sofistikerade djupinlärningsmodeller och tillämpa dem på en mängd olika användningsfall som textanalys, tidsserieanalys och mer.

RapidMiner utmärker sig också för sina funktioner för automatisering och optimering. Plattformen har AutoML-funktioner som automatiserar processen för modellval och optimering, vilket minskar utvecklingstiden och förenklar skapandet av kraftfulla modeller. Denna aspekt är särskilt värdefull för användare som vill utveckla tillförlitliga modeller snabbt och utan djupgående expertis inom maskininlärning.

När det gäller skalbarhet och flexibilitet är RapidMiner utformat för att uppfylla kraven för olika datavolymer och kan användas på stationära datorer, i molnet och i lokala servermiljöer. Denna flexibilitet säkerställer att plattformen sömlöst kan integreras i ett företags befintliga infrastruktur, oavsett storlek eller specifika tekniska krav.

Att operationalisera och implementera modeller är lika enkelt med RapidMiner, eftersom plattformen gör det enkelt att tillhandahålla modeller som webbtjänster. Detta underlättar avsevärt integrationen av datavetenskapliga resultat i befintliga affärsprocesser och applikationer. Dessutom stöder RapidMiner automatisering av arbetsflöden för dataanalys som kan köras regelbundet för att säkerställa kontinuerliga insikter och uppdateringar.

Plattformen främjar också samarbete och teamwork inom datavetenskapsteam genom delade projektområden, versionskontroll och möjligheter att dela kunskap och bästa praxis. Dessa funktioner underlättar effektivt samarbete och kunskapskonsolidering inom organisationer.

RapidMiner används i alla branscher och används inom områden som finans, produktion, hälsovård och marknadsföring. Plattformen hjälper företag att hantera en rad olika utmaningar som kundanalys, upptäckt av bedrägerier, riskhantering och prediktivt underhåll.

Sammanfattningsvis erbjuder RapidMiner en kraftfull och tillgänglig lösning som gör det möjligt för organisationer av alla storlekar att fatta datadrivna beslut och optimera sina affärsprocesser. Genom att kombinera avancerad analys med användarvänlighet hjälper RapidMiner organisationer att frigöra det fulla värdet av sina data och driva datadriven innovation.

KNIME

KNIME, en förkortning av "Konstanz Information Miner", är en ledande open source-plattform som utmärker sig inom datavetenskap och analys genom sin kraftfulla och flexibla hantering av data. KNIME:s styrka ligger i dess visuella programmeringsmiljö, som gör det möjligt för datavetare och analytiker att intuitivt utforma komplexa databehandlings- och analysprocesser utan att behöva förlita sig på omfattande programmeringskunskaper. Denna funktion gör KNIME till ett värdefullt verktyg för yrkesverksamma som vill få datadrivna insikter och fatta välgrundade beslut baserat på dem.

KNIMEs arkitektur bygger på ett modulärt och expanderbart koncept som realiseras genom att olika noder kopplas samman i en visuell editor. Varje nod i ett arbetsflöde har en specifik funktion - från inmatning och omvandling av data till analys och visualisering av resultaten. Denna modulära struktur främjar inte bara en tydlig organisation och implementering av dataanalysprojekt, utan gör det också möjligt att individuellt anpassa och utöka plattformens funktionalitet genom att lägga till nya noder och tillägg, antingen från den omfattande KNIME-communityn eller genom att skapa egna noder.

En annan fördel med KNIME är det omfattande utbudet av funktioner för dataanalys och maskininlärning som plattformen erbjuder. Användarna har tillgång till ett brett utbud av verktyg för databehandling, inklusive traditionella statistiska metoder, de senaste algoritmerna för maskininlärning och tekniker för bearbetning av text- och bilddata. Möjligheten att integrera KNIME med andra programmeringsspråk och dataanalysverktyg som R, Python, Java och Scala ökar plattformens flexibilitet och prestanda ytterligare.

Dataintegration och datahantering är en annan av KNIME:s styrkor. Plattformen stöder bearbetning och integrering av data från olika källor, inklusive filer, databaser, molnlagring och externa webbtjänster. Avancerade funktioner för förberedelse och rensning av data säkerställer att analysen baseras på rena och välstrukturerade data, vilket avsevärt förbättrar resultatens kvalitet och tillförlitlighet.

KNIME kännetecknas också av sina utmärkta visualiseringsverktyg och rapporteringsfunktioner. Plattformen gör det möjligt att visualisera data och analysresultat genom interaktiva diagram och grafer. Användare kan också skapa rapporter och instrumentpaneler direkt i KNIME för att effektivt kommunicera och dela analysresultat.

Samarbete och delning av arbetsflöden är också viktiga delar av KNIME som främjar utbyte av kunskap och bästa praxis inom team eller samhället i stort. För företag erbjuder KNIME Server avancerade funktioner för arbetsflödeshantering, samarbete och tillhandahållande av analytiska applikationer och tjänster, vilket gör plattformen väl rustad för användning i större organisationer.

Sammantaget ger KNIME en omfattande, tillgänglig och flexibel lösning på utmaningarna med modern dataanalys och datavetenskap. Genom att kombinera avancerade analysmöjligheter med ett användarvänligt gränssnitt möjliggör KNIME effektiv utvinning av datadrivna insikter och hjälper yrkesverksamma att fatta välgrundade affärsbeslut.

Orange

Orange är en användarvänlig och mångsidig plattform som gör det enkelt att komma in i världen av datavetenskap och maskininlärning. Med sin öppna källkod och sitt intuitiva dra-och-släpp-gränssnitt demokratiserar Orange dataanalys genom att göra det möjligt för användare utan omfattande programmeringskunskaper att utforma och genomföra komplexa dataanalysprocesser. Plattformen använder en visuell programmeringsmiljö där "widgets" - grafiska byggstenar som representerar olika operationer från datainmatning till analys och visualisering - enkelt kan kopplas samman via drag-and-drop för att skapa dataflöden.

Oranges styrka ligger i dess förmåga att göra både explorativ dataanalys och avancerade maskininlärningsprocesser tillgängliga. Användarna kan identifiera mönster, trender och avvikelser i sina data genom de olika visualiseringsalternativen, vilket ger en solid grund för explorativ dataanalys. Dessutom stöder Orange ett brett utbud av maskininlärningsalgoritmer för övervakad och oövervakad inlärning, inklusive klassificering, regression och klustring. Detta gör det möjligt för användare att träna, testa och utvärdera modeller för att få djupare insikter i sina data eller göra korrekta förutsägelser.

En annan viktig aspekt av Orange är förenklingen av dataförberedelser. Plattformen erbjuder en rad verktyg för datarensning, filtrering och urval av funktioner som gör det lättare för användarna att förbereda högkvalitativa datauppsättningar för analys och modellering. Oranges omfattande visualiseringsfunktioner, från diagram och spridningsdiagram till värmekartor, spelar en avgörande roll genom att göra det möjligt att utforska data på ett intuitivt sätt och ge visuella insikter som är viktiga för att formulera hypoteser och ställa rätt frågor.

Som ett open source-projekt drar Orange nytta av en livlig gemenskap av utvecklare och användare som kontinuerligt bidrar till plattformen genom att tillhandahålla nya widgets, funktioner och utbildningsresurser. Denna gemenskap främjar kunskapsdelning och spridning av bästa praxis, vilket säkerställer en kontinuerlig förbättring av programvaran.

Orange används i stor utsträckning inom olika områden - från akademisk forskning till industri och utbildning. Tack vare sin användarvänlighet och modulära, konfigurerbara metod är Orange inte bara attraktivt för nybörjare inom datavetenskap, utan erbjuder också värdefulla analysverktyg för avancerade användare. Orange gör dataanalys och maskininlärning tillgängligt för en bred användarbas och öppnar upp för möjligheten att få värdefulla insikter från data utan djup teknisk kunskap. Detta gör Orange till ett oumbärligt verktyg för alla som är intresserade av datavetenskap.

Weka

Weka och Scikit-learn är båda framstående verktyg inom datavetenskap och maskininlärning, var och en med särskilda fördelar och användningsområden.

Weka, som utvecklats av University of Waikato i Nya Zeeland, är en programvara med öppen källkod som tillhandahåller en omfattande uppsättning algoritmer för maskininlärning och verktyg för datautvinningsuppgifter i ett användarvänligt grafiskt användargränssnitt (GUI). Denna programvara är särskilt användbar för dem som vill komma igång med dataanalys samt erfarna datavetare som vill utföra snabba analyser. Med Weka kan användare ladda data, välja algoritmer och träna modeller utan behov av komplex programmering. Det stöder ett brett utbud av algoritmer för övervakad och oövervakad inlärning och tillhandahåller verktyg för explorativ dataanalys, visualisering och systematisk jämförelse av modeller i en experimentell miljö. Weka är ett värdefullt verktyg för utbildning, forskning och mindre projekt där snabba prototyper och analyser är avgörande, så att användarna kan få värdefulla insikter från sina data utan djup teknisk förståelse.

Scikit-learn, ett ledande Python-bibliotek, erbjuder ett omfattande urval av algoritmer och verktyg för olika tillämpningar inom dataanalys och maskininlärning. Det kännetecknas av användarvänlighet och flexibilitet och är särskilt attraktivt för nystartade företag och entreprenörer som vill utöka sin analyskapacitet och få värdefulla insikter från sina data. Scikit-learn erbjuder ett brett utbud av algoritmer för övervakad och oövervakad inlärning samt verktyg för dataförbehandling, funktionsval och modellval. Integration med andra vetenskapliga och analytiska Python-bibliotek utökar dess funktionalitet och gör det till en omfattande miljö för dataanalys och modellutveckling. Utmärkt dokumentation och starkt gemenskapsstöd gör biblioteket mycket lättare att lära sig och använda, vilket gör scikit-learn till ett värdefullt verktyg för utveckling av datadrivna produkter och tjänster.

Båda verktygen, Weka och scikit-learn, erbjuder kraftfulla lösningar för datavetare och analytiker för att hantera komplexa dataanalys- och maskininlärningsuppgifter. Medan Wikas GUI och breda utbud av direkt tillämpliga algoritmer gör det enkelt att komma igång och utföra snabba analyser, möjliggör scikit-learns mångsidighet och integration i Python-ekosystemet ett djupare och mer omfattande tillvägagångssätt för datavetenskapliga projekt. Valet mellan Weka och scikit-learn beror i slutändan på projektets specifika krav, personliga preferenser när det gäller programmering och önskad nivå av integration med andra verktyg och bibliotek.

Tableau

Tableau har etablerat sig som en viktig aktör inom plattformar för business intelligence och datavisualisering genom att omvandla komplexa datamängder till begripliga och interaktiva visualiseringar. Denna förmåga, i kombination med det användarvänliga gränssnittet, gör att användare utan djupgående tekniska kunskaper eller programmeringskunskaper kan djupdyka i data, få värdefulla insikter och fatta datadrivna beslut baserat på dessa resultat. Tableaus intuitiva dra-och-släpp-gränssnitt gör det enkelt att ansluta datakällor, skapa visualiseringar och konfigurera instrumentpaneler, vilket gör att användarna kan arbeta snabbt och effektivt.

Tableau kännetecknas av sin förmåga att erbjuda ett brett utbud av visualiseringstyper, från enkla stapel- och linjediagram till komplexa geografiska kartor och värmekartor. Användarna kan anpassa färger, storlekar och former för att lyfta fram mönster, trender och korrelationer i sina data, vilket gör det mycket enklare att utforska och presentera data. Dessutom är tableaux instrumentpaneler utformade för att vara interaktiva, så att slutanvändarna kan utforska specifika insikter genom filter, drill-downs och verktygstips.

En annan viktig funktion i Tableau är den omfattande dataförbindelsen och integrationsmöjligheten, som gör det möjligt att integrera data från en mängd olika källor. Detta omfattar inte bara vanliga databaser och molnplattformar, utan även Excel-filer och många andra. Tableau stöder både live-anslutningar och datauttag, vilket tillgodoser användarnas olika behov och krav.

Plattformen uppmuntrar också till gemenskap och samarbete genom möjligheten att dela dashboards och visualiseringar. Dessutom gör Tableau Public det möjligt för användare att dela sitt arbete med en bred grupp och lära sig av andras erfarenheter och kunskaper.

Tableau används inom en rad olika områden, bland annat för att skapa tydliga och meningsfulla visualiseringar för intressenter, explorativ dataanalys för att identifiera mönster och trender, skapa dynamiska affärsrapporter och instrumentpaneler samt stödja datadrivna beslutsprocesser i organisationer.

Även om Tableau ursprungligen inte utformades specifikt för maskininlärning, gör dess förmåga att integrera med externa analysverktyg och plattformar att ML-modeller och insikter kan införlivas i visualiseringar och instrumentpaneler. Detta utvidgar Tableaus användningsområden bortom traditionella BI- och visualiseringsfunktioner, vilket gör det till ett viktigt verktyg för organisationer som vill utveckla sina dataanalys- och visualiseringsstrategier.

MATLAB

MATLAB, som utvecklats av MathWorks, är en kraftfull och mångsidig miljö för programmering och numeriska beräkningar som är central för många tekniska och vetenskapliga tillämpningar. Dess särskilda styrka inom matematik, teknisk grafik och algoritmutveckling har gjort MATLAB till ett välkänt verktyg inom industri, forskning och utbildning. Genom att förenkla komplexa matematiska beräkningar, utföra dataintensiva analyser samt utveckla och simulera modeller för ett brett spektrum av tillämpningar har MATLAB etablerat sig över hela världen.

En viktig funktion i MATLAB är den enkla hanteringen av matriser, vilket har gett programvaran dess namn (Matrix Laboratory). Denna kärnfunktionalitet gör det mycket enklare att bearbeta och analysera stora datamängder. Den kompletteras av ett stort antal verktygslådor som tillhandahåller specialiserade funktioner och algoritmer för ett brett spektrum av områden som maskininlärning, signalbehandling, bildbehandling, statistiska analyser och optimering. Dessa verktygslådor utökar MATLAB:s användningsmöjligheter avsevärt och ger användarna tillgång till specifika resurser som är skräddarsydda för deras behov.

Integration och interoperabilitet med andra språk och system, inklusive C/C++, Java, .NET, Python och Excel, samt tillgång till databaser och externa enheter, öppnar ytterligare tillämpningsområden och underlättar integrationen av MATLAB i befintliga teknikstackar. Dessutom är Simulink en kompletterande miljö som särskilt används för simulering av dynamiska system och spelar en viktig roll inom teknik och bilindustrin.

MATLAB används inom en mängd olika områden. Det används för numeriska simuleringar inom teknik och naturvetenskap, för dataanalys och visualisering för att identifiera trender och testa hypoteser samt vid utveckling av maskininlärningsmodeller. MATLAB ger också värdefulla tjänster inom algoritmisk utveckling och optimering av processer och system. Förmågan att lösa komplexa problem effektivt och visualisera resultaten tydligt gör MATLAB till ett viktigt verktyg för både ingenjörer, forskare och analytiker.

Trots sin status som proprietär programvara imponerar MATLAB med sina omfattande tillämpningsmöjligheter och den därmed sammanhängande effektivitetsökningen i många projekt. Kombinationen av omfattande funktionalitet, användarvänlighet och förmågan att effektivt bearbeta och analysera stora mängder data understryker MATLAB:s centrala roll i modern datavetenskap och teknisk beräkning.

Vilka speciella användningsområden finns det för AI?

Artificiell intelligens kan användas på många olika sätt i nystartade företag för att identifiera, bedöma och minimera potentiella risker. Denna teknik gör det möjligt att analysera stora mängder data djupare och snabbare än vad som är möjligt för människor, vilket ger en avgörande fördel vid planering och beslutsfattande.

Riskbedömning

AI kan ge detaljerade insikter om ett startups målgrupp. Genom maskininlärning och dataanalys kan AI-system hjälpa till att identifiera kundsegment som är mest benägna att reagera på startup-företagets produkt eller tjänst. Detta möjliggör en mer målinriktad och effektiv marknadsföringsstrategi, minskar slöseri och ökar chanserna att lyckas på marknaden.

- **Riskanalys för produktdesign och produktutveckling**: AI kan också användas i de tidiga stadierna av produktutvecklingen för att identifiera potentiella risker i samband med design, material eller teknik. Genom att analysera data om liknande produkter eller teknikområden kan AI förutse vilka aspekter av en produkt som kan orsaka problem och ge rekommendationer för optimering. På så sätt kan man undvika kostsamma fel och återkallelser.

- **Operativ effektivitet och riskhantering**: AI-system kan användas för att öka ett företags operativa effektivitet och minimera operativa risker. Genom att automatisera rutinuppgifter och optimera arbetsflöden kan AI bidra till att minska antalet fel, öka produktiviteten och sänka kostnaderna. AI kan också bidra till att övervaka operativa data för att identifiera potentiella problem som flaskhalsar i leveranser eller kvalitetsbrister på ett tidigt stadium.

- **Regelefterlevnad och riskundvikande**: För nystartade företag i starkt reglerade branscher kan regelefterlevnad vara en stor utmaning. AI-system kan hjälpa till att identifiera och övervaka relevanta rättsliga krav för att säkerställa att företaget uppfyller alla rättsliga standarder. Detta minimerar risken för påföljder, rättstvister och skador på anseendet.

- **Säkerhetsbedömningar och hantering av cyberrisker**: I den digitala ekonomin är säkerheten för data och IT-system avgörande. AI kan användas för att upptäcka sårbarheter, övervaka nätverkstrafik för misstänkt aktivitet och bedöma cyberrisker. Detta bidrar till att skydda företaget mot dataförluster, hackerattacker och andra säkerhetshot.

Genom att använda AI på dessa områden kan nystartade företag få djupgående insikter, fatta mer välgrundade strategiska beslut och avsevärt öka sannolikheten för en framgångsrik företagslansering. Det är viktigt att AI-systemen väljs ut, konfigureras och övervakas noggrant för att säkerställa att de levererar tillförlitliga och relevanta resultat.Produkt- och tjänsteinnovation

I uppstartsfasen av ett företag är användningen av artificiell intelligens för att utveckla innovativa produkter eller tjänster ovärderlig, särskilt när resurserna för traditionella marknadsundersökningsmetoder är begränsade. AI-teknik kan analysera stora mängder data från flera olika källor på kort tid och identifiera mönster, trender och konsumentpreferenser som kanske inte är uppenbara för det mänskliga ögat. Här är några specifika sätt på vilka AI kan hjälpa till att stödja produkt- eller tjänsteutveckling i uppstartsfasen:

- **Analysera feedback från konsumenter**: AI-system kan söka i sociala medier, granskningsplattformar, forum och andra onlinekällor för att samla in och analysera feedback och åsikter från konsumenter. Denna analys kan ge insikter om vad kunderna uppskattar med befintliga produkter eller tjänster, var deras frustration ligger och vilka behov som inte uppfylls. Genom att använda NLP (Natural Language Processing) kan AI analysera känslor och ge djupa insikter om kundpreferenser.

- **Identifiera behov och trender**: Genom att analysera beteendedata, sökfrågor och inköpsmönster kan AI-algoritmer identifiera aktuella och framväxande trender. Denna information kan användas för att utveckla nya produkter eller tjänster som är inriktade på ouppfyllda behov på marknaden. AI kan hjälpa till att prioritera och styra produktutvecklingen genom att se till att resurserna fokuseras på de mest lovande idéerna.

- **Prototyper och produkttester**: AI kan också användas i prototypfasen för att simulera eller förutsäga hur målgruppen reagerar på olika produktvarianter. Genom maskininlärning och prediktiv modellering kan AI ge värdefulla insikter om vilka produktfunktioner som sannolikt kommer att vara mest framgångsrika innan betydande investeringar görs i produktionen.

- **Personanpassning av produkter eller tjänster**: AI-teknik gör det möjligt att skräddarsy produkter eller tjänster efter kundernas individuella behov och preferenser. Genom att analysera kunddata kan AI-system föreslå personliga rekommendationer eller justeringar som ökar erbjudandets värde och attraktionskraft för den enskilda kunden.
- **Optimering av prisstrategier**: AI kan också hjälpa till att fastställa prisstrategin för nya produkter eller tjänster. Genom att analysera marknadsförhållanden, konkurrenskraftiga priser och konsumentbeteende kan AI-algoritmer identifiera optimala prispunkter som maximerar försäljningen och samtidigt säkerställer lönsamheten.

Genom att använda AI inom dessa områden kan grundarna använda sina resurser mer effektivt, reagera snabbare på marknadens krav och öka sina chanser att lyckas i det mycket konkurrensutsatta startup-landskapet. Det är viktigt att implementeringen av AI-teknik planeras och genomförs noggrant för att säkerställa att de insikter som erhålls är korrekta och relevanta.

Automatisering och ökad effektivitet

Att använda artificiell intelligens (AI) för att automatisera processer under ett företags uppstartsfas har många fördelar. Genom att automatisera rutinuppgifter och göra dem mer effektiva kan AI hjälpa grundare att spara tid och resurser, som sedan kan användas för strategiska affärsuppbyggande uppgifter. Här är några specifika områden där AI kan spela en viktig roll i uppstartsfasen:

- **Kundinteraktion**: AI-drivna chatbots och virtuella assistenter kan ge kundsupport dygnet runt utan att mänsklig personal behöver vara ständigt tillgänglig. Dessa system kan svara på en mängd olika kundförfrågningar, från enkla frågor om produkter eller tjänster till mer komplexa frågor som beställningsprocesser eller supportförfrågningar. Genom maskininlärning blir dessa system kontinuerligt bättre genom att lära sig av varje interaktion, vilket resulterar i bättre kundservice.

- **Hantering av affärsprocesser**: AI kan också optimera interna processer genom att automatisera uppgifter som fakturering, redovisning och lagerhantering. Genom att integrera AI i dessa system kan man minska antalet fel, öka effektiviteten och få värdefulla insikter om företagets finansiella hälsa och operativa prestanda. Detta gör det möjligt för grundare att fatta välgrundade beslut baserade på aktuella data.

- **Marknadsföring och försäljning**: AI-verktyg kan bidra till automatisering och optimering av marknadsförings- och försäljningsaktiviteter. Från målgruppsanalys och personalisering av marknadsföringskampanjer till optimering av försäljningstrattar - AI-system kan hjälpa till att nå och konvertera potentiella kunder mer effektivt. AI kan också hjälpa till att analysera kundbeteenden och förutsäga vilka marknadsföringsstrategier som är mest effektiva för att maximera ROI.

- **HR och rekrytering**: AI kan förenkla rekryteringsprocessen genom att automatisera uppgifter som att granska CV:n och välja ut kandidater på förhand. AI-drivna system kan hjälpa till att identifiera de mest lämpliga kandidaterna för ett jobb genom att analysera kompetens, erfarenhet och andra relevanta faktorer. Detta sparar inte bara tid, utan bidrar också till att fatta ett mer objektivt och effektivt anställningsbeslut.

- **Forskning och utveckling (FoU)**: I produktutvecklingsfasen kan AI användas för att analysera forskningsdata, simulera produkttester och förutsäga marknadstrender. Dessa funktioner kan påskynda produktutvecklingen och bidra till att utveckla produkter som bättre uppfyller marknadens behov.

Genom att automatisera dessa områden kan grundarna inte bara minska kostnaderna och öka effektiviteten, utan också få värdefulla insikter som hjälper dem att fatta välgrundade beslut. Det är viktigt att implementeringen av AI planeras noggrant för att säkerställa att tekniken används effektivt och överensstämmer med företagets mål. Den flexibilitet som AI erbjuder gör att grundarna kan fokusera på att utveckla och genomföra strategier som säkerställer företagets långsiktiga tillväxt och framgång.

Marknadsföring och kundanskaffning

AI-drivna verktyg revolutionerar marknadsföringen och kundanskaffningen för företag, särskilt start-ups och mindre företag som ofta måste arbeta med begränsade budgetar. Dessa tekniker gör det möjligt att skapa riktade och personliga marknadsföringskampanjer som är skräddarsydda efter kundernas beteende och preferenser, vilket kan leda till en betydligt högre konverteringsfrekvens. Här är några sätt som AI kan utnyttjas på inom detta område:

Datadriven kundanalys: AI-verktyg kan analysera stora mängder kunddata för att identifiera mönster, trender och preferenser. Analysen kan ge information om vilka produkter eller tjänster som vissa kundsegment föredrar, hur de reagerar på olika marknadsföringsbudskap och vid vilka tidpunkter de är mest benägna att göra inköp. Dessa insikter är avgörande för att utveckla effektiva marknadsföringsstrategier.

Personalisering i realtid: Genom att använda AI kan företag personalisera sin kommunikation i realtid. Det innebär att erbjudanden, kampanjer och meddelanden kan anpassas utifrån användarens aktuella beteende och intressen. Till exempel kan e-handelswebbplatser visa dynamiska produktförslag baserat på användarens tidigare interaktioner och köp, vilket ökar sannolikheten för ett nytt köp.

Automatisering av marknadsföringskampanjer: AI-drivna verktyg kan automatisera skapandet och hanteringen av marknadsföringskampanjer, från målgruppssegmentering och kanalval till optimering av leverans av meddelanden. Automatiseringen gör att marknadsföringsteamen kan arbeta mer effektivt och fokusera på kreativa och strategiska aspekter snarare än repetitiva uppgifter.

Optimera kundanskaffningen: AI kan bidra till att öka effektiviteten i kundanskaffningen genom att identifiera de kanaler som ger den högsta konverteringsgraden och den bästa avkastningen. Genom att kontinuerligt analysera kampanjdata kan AI-system ge rekommendationer om budgetallokering och hjälpa till att optimera marknadsföringsutgifterna för att uppnå bästa resultat.

Förutse kundbeteende: AI-modeller kan användas för att förutse framtida kundbeteende och potentiella köpbeslut. Dessa förutsägelser kan användas för att proaktivt utveckla personliga marknadsföringsinitiativ som är skräddarsydda för den enskilda kunden innan de aktivt söker efter produkter eller tjänster.

Användningen av AI inom marknadsföring gör det möjligt för företag att bättre förstå sina kunder och interagera med dem på ett sätt som är både relevant och engagerande. Detta leder inte bara till ett effektivare utnyttjande av marknadsföringsbudgetar, utan också till djupare kundlojalitet och högre försäljning. Det är viktigt att de AI-verktyg som används väljs med omsorg och att deras prestanda regelbundet granskas för att säkerställa att de har önskad effekt och kan förbättras kontinuerligt.

Beslutsfattande

Artificiell intelligens spelar en avgörande roll för att stödja beslutsfattandet i de kritiska tidiga skedena av ett företag. Genom att tillhandahålla datadrivna insikter och rekommendationer gör AI det möjligt för grundare och beslutsfattare att fatta välgrundade beslut som kan vara avgörande för företagets långsiktiga framgång. AI:s förmåga att snabbt analysera stora datamängder och identifiera mönster som kanske inte är uppenbara för det mänskliga ögat ger företagen en betydande fördel. Nedan tar vi en närmare titt på några av de områden där AI kan stödja beslutsfattandet i ett tidigt skede i ett företag:

- **Urval av målmarknader**: AI kan hjälpa till att identifiera potentiella målmarknader genom att analysera sociodemografiska data, konsumenttrender och marknadsdynamik. AI-stödda analysverktyg kan ge insikter om marknadsbeteende, konsumentbehov och upptäckta nischer, så att grundarna kan rikta in sina produkter eller tjänster på de mest lovande marknaderna.

- **Utveckling av prissättningsstrategier:** Att fastställa rätt prispunkter för produkter eller tjänster kan vara särskilt utmanande. AI-verktyg kan analysera historiska prisdata, konkurrerande prissättning, kostnadsstrukturer och kunduppfattningar för att rekommendera optimala prisstrategier. Genom att tillämpa prediktiv analys kan AI-system också förutse hur olika prissättningsstrategier påverkar efterfrågan och försäljning, så att företag kan fatta prissättningsbeslut som maximerar deras lönsamhet.

- **Optimering av försäljningskanaler:** Att välja de mest effektiva försäljningskanalerna är avgörande för marknadsframgång. AI kan analysera data om kundpreferenser, kanaleffektivitet och distributionskostnader för att identifiera de mest lämpliga distributionskanalerna för en produkt eller tjänst. Detta inkluderar både traditionella och digitala kanaler. AI kan också hjälpa till att förstå synergierna mellan olika kanaler och utveckla en integrerad försäljningsstrategi som maximerar den totala försäljningen.

- **Riskbedömning och riskhantering:** Ett företags tidiga skede är förknippat med många risker, från finansiell osäkerhet till marknadsförändringar. AI kan hjälpa till att identifiera och bedöma dessa risker genom att analysera marknadsdata, finansiella rapporter och annan relevant information. Genom att förutse potentiella risker kan företag vidta proaktiva åtgärder för att minska dem.

- **Produktutveckling och innovation:** AI kan också ge värdefulla insikter för produktutveckling genom att analysera kundfeedback, branschtrender och teknisk utveckling. Detta kan hjälpa företag att driva innovation och utveckla produkter som uppfyller konsumenternas behov och ger en konkurrensfördel.

Genom att integrera AI i beslutsprocesserna kan företagen bygga sina strategier på en solid databas i ett tidigt skede. Detta leder inte bara till en högre sannolikhet för framgång, utan gör det också möjligt för företag att reagera flexibelt på förändringar på marknaden och snabbt anpassa sig till nya omständigheter. Att använda AI för att stödja beslutsfattandet är därför ett avgörande steg för nystartade företag som vill lyckas i dagens snabba och datadrivna affärsvärld.

Optimering av kundservice

AI-drivna system, och i synnerhet chatbots, är en revolutionerande resurs för nystartade företag som letar efter effektiva kundservicelösningar utan att behöva göra stora investeringar i kundserviceavdelningar. Dessa tekniker erbjuder en mängd fördelar, allt från omedelbar hantering av enkla förfrågningar till insamling av värdefull kundfeedback som kan användas för att vidareutveckla produkter och tjänster. Här får du en detaljerad genomgång av fördelarna med AI-drivna chatbots och hur de kan användas i kundtjänsten:

- **Kundtjänst dygnet runt**: Chatbots är tillgängliga dygnet runt och ger kunderna möjlighet att få support när som helst. Till skillnad från traditionella kundtjänstteam som kanske bara är tillgängliga under kontorstid kan chattbottar hantera förfrågningar omedelbart och när som helst på dygnet. Detta är särskilt värdefullt för nystartade företag som verkar globalt och betjänar kunder i olika tidszoner.

- **Hantera enkla frågor**: Många kundförfrågningar rör vanliga frågor (FAQ), till exempel information om produkter, fraktdetaljer eller returpolicy. Chatbots kan hantera dessa frågor effektivt genom att ge omedelbara svar, vilket leder till ökad kundnöjdhet samtidigt som det mänskliga kundtjänstteamet kan fokusera på mer komplexa ärenden.

- **Kostnadseffektivitet**: Användningen av chatbots kan innebära avsevärda kostnadsbesparingar för nystartade företag. Utveckling och implementering av ett chatbot-system kan vara betydligt billigare än att bygga upp och driva en omfattande kundtjänstavdelning. Dessutom kan chattbotar enkelt skalas upp i takt med att antalet förfrågningar ökar, utan att det medför ytterligare personalkostnader.

- **Insamling och analys av kunddata**: Chatbots samlar in data vid varje interaktion, som kan användas för att förbättra kundrelationen och affärsstrategin. Dessa data innehåller information om kundernas behov, preferenser och beteende. Genom att analysera dessa data kan nystartade företag få insikter som leder till optimering av produkter, tjänster och marknadsföringsstrategier.
- **Personlig kundupplevelse**: AI-drivna chatbots kan ge personliga upplevelser genom att engagera kunder baserat på tidigare interaktioner eller insamlad data. Denna personalisering kan öka kundretentionen och lojaliteten eftersom kunderna känner sig förstådda och uppskattade.
- **Integrering i befintliga plattformar**: Chatbots kan enkelt integreras i befintliga webbplatser, sociala medier och meddelandeplattformar, vilket möjliggör en sömlös kundupplevelse över olika kanaler. Detta säkerställer att kunderna kan få support via den kanal de föredrar.

För nystartade företag är integrationen av AI-drivna chatbots en kostnadseffektiv, skalbar och effektiv lösning för att ge utmärkt kundservice och samtidigt få värdefulla insikter för kontinuerlig förbättring av verksamheten. Att implementera denna teknik kan vara en avgörande faktor för att bygga en stark kundrelation och långsiktig framgång.

Förbättrad målgruppsanalys

Artificiell intelligens kan ge företag en djupgående förståelse för sin målgrupp genom att analysera stora mängder data från sociala medier och andra onlinekällor. Denna analys kan ge en mängd information om kundpreferenser, beteendemönster, åsikter och trender som är avgörande för ett företags strategiska inriktning. De viktigaste aspekterna och fördelarna med denna datadrivna metod beskrivs mer ingående nedan:

- **Känna igen trender och preferenser**: AI-system kan identifiera aktuella trender och preferenser inom målgruppen genom att analysera inlägg på sociala medier, kommentarer, betyg och diskussioner online. Dessa insikter gör att företagen snabbt kan reagera på förändrade kundbehov och anpassa sina produkter eller tjänster därefter.
- **Målgruppssegmentering**: Genom att analysera beteendedata online kan AI-algoritmer skapa detaljerade kundsegment baserade på specifika intressen, demografi och beteenden. Denna segmentering gör det möjligt för företag att utveckla skräddarsydda marknadsföringskampanjer och erbjudanden som är anpassade till de specifika behoven och preferenserna för varje segment.
- **Personalisering**: AI kan hjälpa företag att erbjuda en personligt anpassad kundupplevelse. Genom att analysera enskilda kunders interaktioner och preferenser kan AI-stödda system

generera personliga rekommendationer, innehåll och erbjudanden som ökar engagemanget och kundnöjdheten.

- **Förutsägelse av kundbeteende**: AI-modeller kan förutsäga framtida kundbeteenden och potentiella köpbeslut baserat på historiska data och aktuella trender. Dessa förutsägelser kan hjälpa företag att proaktivt planera och optimera sina marknadsförings- och försäljningsstrategier för att maximera konverteringsgraden.

- **Optimering av marknadsföringskampanjer**: Genom att kontinuerligt analysera svaren på olika marknadsföringsinitiativ kan AI-system utvärdera kampanjernas effektivitet i realtid och ge rekommendationer om justeringar. Detta gör det möjligt för företag att fördela sina marknadsföringsutgifter mer effektivt och maximera avkastningen på sina kampanjer.

- **Produktutveckling:** De insikter om kundernas behov och preferenser som man får genom att analysera onlinedata är värdefulla för produktutvecklingen. Företag kan använda denna information för att utveckla nya produkter eller tjänster som är exakt anpassade till målgruppens önskemål eller för att förbättra befintliga erbjudanden.

Att använda AI för att analysera data från sociala medier och andra onlinekällor ger företag en unik möjlighet att förstå sina målgrupper exakt och anpassa sina strategier därefter. Genom att fatta datadrivna beslut kan företagen stärka sin konkurrenskraft, öka kundlojaliteten och agera mer framgångsrikt på marknaden på lång sikt.

Optimering av leveranskedjor och logistik

För nystartade företag som fokuserar på tillverkning eller handel med fysiska produkter spelar optimering av leveranskedjan och logistiken en avgörande roll för deras framgång och konkurrenskraft. Artificiell intelligens (AI) kan skapa ett betydande mervärde på detta område genom att tillhandahålla exakta prognoser och analyser som bidrar till att göra processerna effektivare. Här är några konkreta tillämpningsexempel på hur AI kan stödja nystartade företag inom leveranskedjan och logistiken:

- **Efterfrågeprognoser**: AI-algoritmer kan analysera försäljningsdata, marknadstrender, säsongsvariationer och andra externa faktorer som socioekonomiska indikatorer för att skapa exakta efterfrågeprognoser. Dessa prognoser gör det möjligt för nystartade företag att bättre planera sin produktion och sina orderkvantiteter, minska överskottslager och undvika flaskhalsar i försörjningen.
- **Lagerhantering**: Genom att använda AI i lagerhanteringen kan nystartade företag optimera sina lagernivåer och minska kostnaderna. AI-system kan analysera data i realtid för att ge

rekommendationer om lagerpåfyllning, öka lageromsättningshastigheten och minimera lagringskostnaderna. De kan också hjälpa till att förstå hur överlagring eller lagerbrist påverkar affärsverksamheten.

- **Ruttoptimering**: Inom logistiken kan AI användas för att optimera leverans- och fraktrutter. Genom att analysera trafikdata, väderförhållanden, leveranstider och kostnader kan AI-algoritmer bestämma de mest effektiva rutterna för transportfordon. Detta leder till kortare leveranstider, minskad bränsleförbrukning och lägre transportkostnader.

- **Förutse och hantera risker i leveranskedjan**: AI kan hjälpa till att identifiera potentiella risker i leveranskedjan i ett tidigt skede genom att övervaka globala händelser, leverantörsprestanda och andra riskfaktorer. Detta gör det möjligt för nystartade företag att vidta proaktiva åtgärder för att minimera störningar och öka motståndskraften i leveranskedjan.

- **Automatisering av processer i leveranskedjan**: AI och robotteknik kan användas för att automatisera processer i lager och distributionscentraler, från mottagning till plockning och packning till leverans. Automatiseringen kan öka effektiviteten, minska antalet fel och sänka arbetskraftskostnaderna.

- **Leverantörshantering och optimering av upphandling**: AI-verktyg kan utvärdera leverantörernas prestanda och identifiera optimeringsmöjligheter inom upphandling. De kan också hjälpa till att välja de bästa leverantörerna baserat på kriterier som kostnad, kvalitet och tillförlitlighet.

Genom att integrera AI i leveranskedjan och logistiken kan nystartade företag optimera sina processer, vilket leder till en betydande minskning av kostnaderna och en ökning av effektiviteten. I en värld där resurserna är begränsade och marknadskraven ständigt förändras innebär användningen av AI-baserade lösningar en avgörande konkurrensfördel.

Ekonomisk förvaltning och budgetering

AI-drivna verktyg för finansiell hantering erbjuder nystartade företag ett avancerat sätt att hantera sin ekonomi mer effektivt, optimera kassaflödet och minimera finansiella risker. Dessa verktyg använder maskininlärningsalgoritmer och dataanalys för att bearbeta stora mängder finansiella data, känna igen mönster och göra välgrundade förutsägelser. Förmågan att göra korrekta förutsägelser och få djupgående insikter i ett företags finansiella hälsa är särskilt värdefull för nystartade företag, som ofta arbetar med begränsade resurser och under osäkerhet. Här är några viktiga områden där AI-drivna finansiella verktyg kan stödja nystartade företag:

- **Kassaflödeshantering**: AI-system kan analysera inkomst- och utgiftsflöden för att göra exakta kassaflödesprognoser. Dessa prognoser hjälper nystartade företag att undvika likviditetsflaskhalsar genom att signalera behovet av åtgärder i ett tidigt skede, vare sig genom att lyfta fram möjligheter att minska kostnaderna eller genom att identifiera optimala tidpunkter för investeringar eller låneansökningar.

- **Budgetering och finansiell planering**: Genom att analysera historiska finansiella data och ta hänsyn till marknadsförhållanden kan AI-verktyg prognostisera framtida inkomster och utgifter med hög noggrannhet. Dessa prognoser är avgörande för att skapa realistiska budgetar och finansiella planer som ligger till grund för strategiska beslut. De gör det möjligt för nystartade företag att fördela resurser effektivt och uppnå långsiktiga mål.

- **Finansiell riskreducering**: AI kan hjälpa till att identifiera och bedöma finansiella risker genom att analysera marknadstrender, kreditrisker och andra externa faktorer. Dessa verktyg kan ge varningssignaler om potentiella finansiella problem och ge rekommendationer för att minimera risken, till exempel genom att diversifiera intäktsströmmar eller justera kreditvillkor.

- **Automatisering av finansiella processer**: Många ekonomiförvaltningsuppgifter, t.ex. fakturering, redovisning och rapportering, kan automatiseras med hjälp av AI. Det sparar inte bara tid och minskar antalet fel, utan ger också insikt i företagets ekonomiska situation i realtid, vilket är avgörande för att kunna fatta snabba beslut.

- **Investeringsanalys och investeringsbeslut**: AI-verktyg kan hjälpa nystartade företag att utvärdera investeringsmöjligheter genom att analysera förväntad avkastning, risker och marknadsvillkor. På så sätt kan grundarna fatta välgrundade beslut om investeringar som främjar tillväxt och ökar företagets värde.

- **Låne- och finansieringsalternativ**: AI-drivna verktyg för ekonomisk förvaltning kan också hjälpa till att identifiera de bästa låne- och finansieringsalternativen genom att analysera startupföretagets kreditvärdighet och jämföra finansieringserbjudanden baserat på räntor, avgifter och återbetalningsvillkor.

Genom att använda AI-drivna verktyg för finansiell styrning kan nystartade företag inte bara effektivisera sin dagliga finansiella verksamhet, utan också fatta strategiska beslut med större säkerhet. Dessa tekniker ger en avgörande fördel i den dynamiska och ofta oförutsägbara entreprenörsvärlden genom att bidra till att säkerställa finansiell stabilitet och maximera tillväxtpotentialen.

Stöd inom juridik och efterlevnad

Artificiell intelligens erbjuder betydande fördelar när det gäller rådgivning om juridik och efterlevnad, särskilt för nystartade företag som ofta arbetar med begränsade resurser och ändå måste uppfylla kraven i en komplex rättslig miljö. AI-drivna lösningar kan ge stöd inom flera viktiga områden för att säkerställa efterlevnad av relevanta lagar och förordningar:

- **Automatiserad efterforskning av lagar och förordningar**: AI-system kan söka i en omfattande databas med lagar, förordningar och riktlinjer för att identifiera relevant juridisk information för ett specifikt affärsområde eller jurisdiktion. Detta sparar värdefull tid jämfört med manuell efterforskning och säkerställer att företagen är uppdaterade med de rättsliga krav som är relevanta för dem.

- **Övervakning av efterlevnad**: AI kan kontinuerligt övervaka förändringar i lagar och förordningar och automatiskt informera företag om relevanta uppdateringar. Detta hjälper nystartade företag att reagera proaktivt på lagändringar och minimera efterlevnadsrisker.

- **Riskanalys och bedömning**: Genom att analysera avtalsdokument, interna policyer och externa rättsliga krav kan AI-system identifiera potentiella efterlevnadsrisker. De ger insikt i de områden där justeringar kan krävas för att säkerställa efterlevnad och hjälper till att prioritera riskreducerande åtgärder.

- **Avtalshantering**: AI kan stödja utarbetande, granskning och hantering av avtal genom att säkerställa att de överensstämmer med tillämpliga lagar och förordningar. AI-drivna verktyg kan automatiskt analysera avtal för att identifiera inkonsekvenser, saknade klausuler eller potentiella juridiska problem.
- **Dataskydd och datasäkerhet**: För nystartade företag som behandlar personuppgifter är det avgörande att följa dataskyddslagar som EU:s allmänna dataskyddsförordning (GDPR). AI kan hjälpa till att förstå och genomföra dataskyddskrav, till exempel genom att identifiera och klassificera personuppgifter eller genom att stödja genomförandet av datasäkerhetsåtgärder.
- **Utbildning och medvetenhet**: AI-baserade utbildningsplattformar kan tillhandahålla skräddarsydd utbildning i juridik och efterlevnad för att säkerställa att alla teammedlemmar är medvetna om de juridiska krav som är relevanta för deras arbete.

Integreringen av AI i juridisk rådgivning och efterlevnadsrådgivning gör det möjligt för nystartade företag att hantera juridiska utmaningar på ett kostnadseffektivt och effektivt sätt. Genom att få tillgång till korrekt juridisk information och analys utan att behöva bära de höga kostnaderna för traditionell juridisk rådgivning kan nystartade företag minimera juridiska risker och fokusera på sin kärnverksamhet. Det är dock viktigt att notera att AI-drivna verktyg inte helt kan ersätta mänsklig expertis, särskilt inte när det gäller komplexa juridiska frågor. De kan snarare fungera som ett värdefullt komplement för att öka effektiviteten och stödja juridisk due diligence.

Rekrytering och personalförvaltning

Att rekrytera rätt team är avgörande för ett nystartat företags framgång, men kan vara en stor utmaning, särskilt i ett tidigt skede. AI-drivna rekryteringsverktyg och personalhanteringssystem erbjuder innovativa lösningar för att förenkla processen, öka effektiviteten och sannolikheten för att hitta och framgångsrikt integrera lämpliga kandidater i organisationen.

- **Automatiserad granskning av ansökningar**: AI-system kan snabbt skanna CV och ansökningshandlingar för att filtrera kandidater baserat på fördefinierade kriterier som erfarenhet, kompetens och utbildning. Detta sparar tid och resurser genom att minska antalet ansökningar som behöver granskas manuellt och säkerställer att endast de mest relevanta kandidaterna väljs ut.
- **Identifiera de bästa kandidaterna**: Genom att använda avancerade algoritmer kan AI-verktyg gå längre än enkla nyckelordssökningar och utveckla en djupare förståelse för kandidaternas

kompetens och potential. De kan känna igen mönster och identifiera kandidater som inte bara har de kvalifikationer som krävs, utan också passar väl in i företagskulturen.

- **Effektivare urvalsprocesser**: AI kan hjälpa till att optimera intervjuprocessen genom att förutbestämma vilka frågor som ska ställas för att bäst bedöma kandidaternas kompetens och potential. Vissa AI-verktyg kan till och med analysera och poängsätta intervjuer, vilket möjliggör ett mer objektivt och datadrivet beslutsfattande.
- **Prestationsanalys**: AI-system kan samla in och analysera uppgifter om medarbetarnas prestationer för att identifiera mönster och trender. Detta kan ge värdefulla insikter om områden som produktivitet, engagemang och samarbete, vilket hjälper till att identifiera individuella styrkor och utvecklingsområden.
- **Rekommendationer om förbättringar**: Baserat på analysen av prestandadata kan AI-verktyg ge personliga rekommendationer till varje anställd om hur de kan förbättra sina prestationer och främja sin karriärutveckling. Det kan handla om individuella utbildningsprogram, mentorskap eller specifika projektuppgifter.
- **Förutse personalomsättning och engagemang**: AI kan också användas för att upptäcka risker som personalomsättning genom att identifiera varningssignaler som minskad produktivitet eller förändringar i kommunikationsbeteendet.

Detta gör det möjligt för organisationer att agera proaktivt för att behålla anställda och öka engagemanget.

AI-stödda verktyg för rekrytering och medarbetarhantering ger startups möjlighet att bygga och hantera sina team mer effektivt. Genom att automatisera tidskrävande processer, ge insikter om medarbetarnas prestationer och stödja beslutsfattandet kan nystartade företag skapa en stark grund för tillväxt och framgång. Det är dock viktigt att ta hänsyn till etiska överväganden och dataskyddsbestämmelser när dessa tekniker används för att säkerställa en rättvis och transparent behandling av alla inblandade parter.

Skydd av immateriella rättigheter

För nystartade företag vars affärsmodell i huvudsak bygger på innovativ teknik, unik produktdesign eller kreativa prestationer är skyddet av immateriella rättigheter (IP) av avgörande betydelse. Skyddet av immateriella rättigheter säkerställer inte bara den exklusiva nyttjanderätten till dessa innovationer, utan utgör också en viktig tillgång för företaget, vilket är viktigt när man letar efter investerare, partnerskap eller under tillväxtprocessen. Artificiell intelligens kan hjälpa nystartade företag att effektivt identifiera, klassificera och skydda sina immateriella rättigheter genom att tillhandahålla automatiserade processer för övervakning och hantering av IP-rättigheter:

- **Identifiera och klassificera immateriella rättigheter:** AI-verktyg kan hjälpa till att identifiera olika former av immateriella rättigheter inom en organisation, oavsett om det rör sig om patent, varumärken, upphovsrätt eller affärshemligheter. Genom att analysera produktbeskrivningar, teknisk dokumentation och andra företagsinterna data kan AI-system identifiera potentiellt skyddsvärd IP och hjälpa till att klassificera den enligt gällande rättsliga standarder.

- **Sökning i IP-databaser:** Vid registrering av patent eller varumärken är det viktigt att göra en omfattande sökning av befintliga IP-rättigheter för att undvika överlappningar och potentiella konflikter. AI-verktyg kan effektivt söka i globala databaser och identifiera relevanta befintliga IP-rättigheter. Denna förmåga gör det möjligt för nystartade företag att utforma sina egna ansökningar exakt och minimera risken för kostsamma rättsliga tvister.

- **Övervakning av potentiella intrång:** AI-system kan kontinuerligt övervaka internet, patent- och varumärkesdatabaser och andra relevanta källor för att upptäcka potentiella intrång i ett företags immateriella rättigheter. Genom att identifiera sådana intrång i ett tidigt skede kan företagen vidta åtgärder i god tid för att hävda sina rättigheter och säkerställa sitt immaterialrättsliga skydd.

- **Analysera möjligheter till licensiering**: AI kan också ge värdefulla insikter om den strategiska användningen av immateriella rättigheter genom att analysera marknaden för liknande teknik, potentiella partner eller konkurrenter. Denna information kan hjälpa nystartade företag att optimera sin IP-strategi, antingen genom att licensiera sin teknik till tredje part eller genom att identifiera möjligheter till samarbeten.

- **Riskbedömning och strategisk planering**: Slutligen kan AI-verktyg bidra till att bedöma risken för immaterialrättsliga tvister och till den strategiska planeringen av immaterialrättsliga skyddsåtgärder. De kan analysera trender inom immaterialrättstvister, identifiera potentiella riskområden och ge rekommendationer för proaktiva skyddsstrategier.

Genom att integrera AI i hanteringen av immateriella rättigheter kan nystartade företag inte bara skydda sina innovationer mer effektivt, utan också fatta strategiska beslut som maximerar värdet på deras immateriella rättigheter. Det är dock viktigt att nystartade företag också anlitar experter på immaterialrätt för att säkerställa att deras immaterialrättsstrategi är heltäckande och anpassad till specifika rättsliga krav.

Initiativ för hållbar utveckling

Artificiell intelligens spelar en allt viktigare roll för att hjälpa företag, särskilt nystartade företag, att uppnå sina hållbarhetsmål. Genom att optimera energiförbrukningen, rekommendera mer hållbara material och processer och förbättra den övergripande driftseffektiviteten kan AI bidra till att minska miljöpåverkan, sänka driftskostnaderna och positivt påverka varumärkesuppfattningen. Här är några konkreta exempel på hur AI kan användas effektivt inom detta område:

- **Optimera energiförbrukningen**: AI-system kan analysera stora mängder energiförbrukningsdata i realtid för att identifiera mönster och ineffektivitet. Genom att tillämpa algoritmer för maskininlärning kan dessa system föreslå optimala driftförhållanden för maskiner och system som minimerar energiförbrukningen. Exempelvis kan intelligenta styrsystem för byggnader effektivt reglera belysning, värme och kyla i kontorsbyggnader baserat på faktisk användning och utomhustemperaturer.

- **Rekommendation av mer hållbara material och processer**: AI kan hjälpa nystartade företag att identifiera alternativ till traditionella, miljöskadliga material och implementera mer hållbara produktionsprocesser. Genom att analysera databaser med materialinformation och miljöpåverkan kan AI-verktyg ge rekommendationer om material som har ett mindre miljöavtryck eller som kan återvinnas mer effektivt.

- **Förbättra leveranskedjan**: AI kan förbättra leveranskedjornas hållbarhet genom att optimera transportvägar och transportmetoder, vilket leder till minskade koldioxidutsläpp. AI kan också hjälpa till att välja leverantörer som tillämpar hållbara metoder och göra det möjligt för företag att göra sina leveranskedjor mer transparenta.
- **Minska avfallet**: Genom att förutse efterfrågan och optimera produktionsplaneringen kan AI bidra till att minska överproduktionen och det därmed förknippade avfallet. Inom livsmedelsindustrin kan AI-stödda system till exempel bidra till att minimera matsvinnet genom att ge mer exakta prognoser för efterfrågan på livsmedel.
- **Utveckling av hållbara produkter**: AI kan användas i produktutvecklingsprocessen för att utforma produkter som är mer hållbara, lättare att reparera eller återvinna. Genom att analysera produktlivscykler och användarfeedback kan AI-modeller generera designförslag som minskar miljöpåverkan under en produkts hela livscykel.
- **Främja energieffektivitet och förnybara energikällor**: AI-system kan också stödja planering och optimering av projekt för förnybara energikällor, t.ex. sol- eller vindkraftverk. De kan optimera valet av plats, prognostisera energiproduktionen

och förbättra integrationen av förnybara energikällor i befintliga energisystem.

Genom att implementera AI-drivna lösningar kan nystartade företag inte bara uppnå sina hållbarhetsmål mer effektivt, utan också minska sina driftskostnader och bidra positivt till miljöskyddet. Att betona hållbarhet och ansvarsfullt entreprenörskap kan dessutom stärka varumärkesuppfattningen och skapa en konkurrensfördel i en alltmer miljömedveten marknadsmiljö.

Avslutning av den första volymen

Artificiell intelligens och idén om lean startup revolutionerar hur företag grundas och drivs genom att åstadkomma djupgående förändringar i olika aspekter av affärsvärlden. Det gör det möjligt för nystartade företag att bryta ny mark, övervinna utmaningar på innovativa sätt och trivas i dagens snabba affärslandskap.

Genom att använda AI i marknadsundersökningar kan grundare utveckla en djup förståelse för marknaden, förutsäga framtida trender och identifiera exakt vad kunderna verkligen vill ha. Detta möjliggör riktad produktutveckling och effektiv marknadspositionering. AI hjälper också till att simulera och utvärdera olika affärsmodeller, vilket minimerar risken för felaktiga beslut och ökar sannolikheten för ett framgångsrikt marknadsinträde.

När det gäller produkt- och tjänsteinnovation öppnar AI upp för helt nya möjligheter. Den driver utvecklingen av skräddarsydda lösningar som inte skulle vara möjliga utan förmågan att bearbeta stora mängder data och känna igen mönster. Detta leder till produkter och tjänster som bättre uppfyller kundernas behov och öppnar upp nya marknader.

Automatisering och effektivisering av affärsprocesser med hjälp av AI är en annan avgörande fördel. Nystartade företag kan minska sina driftskostnader genom att automatisera repetitiva och tidskrävande uppgifter, så att de kan fokusera på strategiska mål och kärnkompetenser. Inom marknadsföring möjliggör AI ett personligt bemötande av kunderna, förbättrar kundupplevelsen och ökar effektiviteten i marknadsföringskampanjer genom datadrivna insikter.

Beslutsfattandet i nystartade företag förbättras avsevärt av AI, eftersom entreprenörer kan få tillgång till exakta dataanalyser och prediktiva modeller som hjälper dem att fatta välgrundade strategiska beslut. Inom kundtjänst möjliggör AI-baserad teknik som chatbots och virtuella assistenter effektiv och kostnadseffektiv kundsupport som är tillgänglig dygnet runt.

AI optimerar också nystartade företags leveranskedjor och logistikprocesser genom att göra planeringen och genomförandet av leveranser mer effektivt och därmed bidra till att minska kostnaderna. AI förändrar också finansieringslandskapet för nystartade företag genom automatiserad kreditbedömning och innovativa finansieringslösningar som ger snabbare och enklare tillgång till kapital.

Sist men inte minst underlättar AI talangrekrytering och personalhantering genom att förenkla rekryteringsprocessen och göra identifieringen av lämpliga kandidater mer effektiv.

AI gör det möjligt för nystartade företag att förverkliga sina affärsidéer med en precision och effektivitet som tidigare var ouppnåelig. Det banar väg för en ny era av affärsskapande där datadrivna beslut, automatisering och kundcentrerad innovation står i centrum. Men en framgångsrik användning av AI kräver också en djup förståelse för denna teknik och ett noggrant övervägande av etiska aspekter och dataskydd.

***

Den följande andra volymen handlar om konkreta affärsidéer för nystartade företag och den tredje volymen handlar om förverkligandet av nystartade företag.